Was heißt Kirchen-Union heute?

Was heisst Kirchen-Union heute?

Beiträge zu einem Symposium der Evangelischen Kirche Berlin-Brandenburg-schlesische Oberlausitz

Herausgegeben von Karl-Heinrich Lütcke
und Eckhard Zemmrich

EVANGELISCHE VERLAGSANSTALT
Leipzig

Bibliografische Information der Deutschen Nationalbibliothek
Die Deutsche Nationalbibliothek verzeichnet diese Publikation in der Deutschen Nationalbibliografie; detaillierte bibliografische Daten sind im Internet über http://dnb.dnb.de abrufbar.

Printed in Germany · H 7972

Das Buch wurde auf alterungsbeständigem Papier gedruckt.

Satz und Covergestaltung: Formenorm – Friederike Arndt, Leipzig
Coverfoto: Kanzel der Heilig-Geist-Kirche Werder (Havel), Reliefs im Kanzelkorb von links nach rechts: Philipp Melanchthon, Martin Luther, Johannes Calvin © gezett
Druck und Binden: Hubert & Co., Göttingen

ISBN 978-3-374-04140-4
www.eva-leipzig.de

Geleitwort der Herausgeber

Am Reformationsfest 1817 folgten viele Gemeinden auf dem Gebiet Preußens einer königlichen Kabinettsorder: Lutheraner und Reformierte überwanden die alten Gegensätze und feierten gemeinsam Abendmahl. Mit Bedacht wurde die Gründung der »Altpreußischen Union«, die Zusammenführung der lutherischen und reformierten Gemeinden in einer Landeskirche in das Jahr des 300-jährigen Reformationsjubiläums gestellt. Deswegen werden die aus dieser Union hervorgegangenen Landeskirchen, und dazu gehört auch die Evangelische Kirche Berlin-Brandenburg-schlesische Oberlausitz (EKBO), 2017 bei der Feier der Erinnerung an die Reformation auch das Jubiläum dieser Union begehen. Aber ein solches Ereignis lässt sich nicht feiern ohne gründliche und kritische Beschäftigung mit diesem Ereignis selbst, seiner Vorgeschichte und Nachwirkung und mit der Frage nach seiner Gegenwartsbedeutung. Diesen Fragen ist ein Symposium nachgegangen, das am 13. und 14. Juni 2014 unter dem Titel »Was bedeutet kirchliche Union heute?« in Berlin stattfand. Die Beiträge dieser Tagung werden in dem vorliegenden Band dokumentiert.

Markus Dröge weist in seiner Einführung auf Präsenz und Bedeutung des Unionsmodells im Bereich der EKBO hin und auf die Impulse, die es für die Landeskirchen der EKD geben kann. Dorothea Wendebourg schildert und analysiert im ersten Hauptvortrag aus kirchengeschichtlicher Perspektive sorgfältig den Weg, der zur Gründung der Union geführt hat, die schweren Auseinandersetzungen, die daraus folgten, und sie bündelt ihre Darstellung in der Frage nach den »Früchten«, von denen wir heute zehren. Wilfried Härle behandelt das Thema im zweiten Hauptvortrag unter systematischer Fragestellung nach der Bedeutung der Union für das Bekenntnis. Er ist besorgt über die Wirkung und Nachwirkung der starken politischen Motiviation zur Kirchen-Union und sucht nach einer ausreichenden theologischen Grundlage, die er nur in der Leuenberger Konkordie erkennen kann.

Es war uns wichtig, neben die weit ausgreifenden, historisch- und systematisch-theologischen Beiträge noch pointiert kritische Sichtweisen von außen auf die Union zu stellen. Der Beitrag von Werner Klän steht für die Perspektive einer Kirche, die aus der damaligen Opposition gegen die Union mit der Folge einer schmerzhaften Trennung hervorgegangen ist. Georg Plasger stellt aus dem Blickwinkel reformierter Gemeinden dar, die ihr konfessionelles Profil als eigene Kirche auf dem Gebiet lutherischer Landeskirchen pflegen. Eberhard Cherdron schließlich entfaltet die Perspektive einer unierten Landeskirche, die ohne eine Bindung an reformatorische Bekenntnisschriften allein die Bibel als Lehrnorm ansieht. Im Zentrum aller Beiträge steht die Frage nach der Rolle und Bedeutung der zur Reformationszeit entwickelten »lutherischen« bzw. »reformierten« Bekenntnisse für das heutige Kirche-Sein.

Unser Dank gilt allen Beitragenden sowie der Evangelischen Verlagsanstalt für die Aufnahme dieses Buches in ihr Verlagsprogramm. Wir hoffen, dass die im Auftrag der Kirchenleitung der EKBO erfolgende Veröffentlichung des Tagungsbandes mit seinen unterschiedlichen Perspektiven und Anregungen dazu beiträgt, das Profil unserer Landeskirche besser zu verstehen und weiterzuentwickeln.

Karl-Heinrich Lütcke — Eckhard Zemmrich

Inhalt

Grusswort[1]

Markus Dröge

Am ersten Sonntag nach Pfingsten feiern wir »Trinitatis«. Das aus dem Lateinischen abgeleitete Kunstwort, das tri – drei – und unitas – Einheit – miteinander verbindet, bringt zum Ausdruck, dass all unser theologisches Nachdenken und unser Glaube in seiner Tiefe immer den dreieinigen Gott zum Thema hat. Gott ist für uns nicht anders aussagbar und denkbar denn als trinitarischer Gott: als Vater, Sohn und Heiliger Geist. Die geeinte Vielfalt ist in Gott selbst angelegt, sie ist vor aller Zeit und sie wird bleiben in Ewigkeit, das glauben und bekennen wir.

Vor diesem theologischen Hintergrund spricht vieles dafür, auch unser Kirche-Sein trinitarisch zu verstehen. Die Kirche selbst ist in sich vielgestaltig, aber dennoch geeint. Ich halte unser Modell einer unierten Kirche theologisch für besonders anschlussfähig an das Bekenntnis zu dem dreieinigen Gott. Denn genau so leben wir ja die Gestalt der unierten Kirche: Wir sind in der Verschiedenheit der Bekenntnisse von reformiert, lutherisch und uniert verbunden in einer Kirche.

2017 wird das große Jahr des Reformationsjubiläums werden. Zugleich werden wir den 200. Jahrestag der Einführung der preußischen Kirchen-Union begehen. Am Reformationstag 1817 feierten viele lutherische und reformierte Gemeindeglieder erstmals gemeinsam einen Sakramentsgottesdienst. In der Gemeinde im Rheinland, in der ich lange Dienst getan habe, in Koblenz, wurde schon 1803 das gemeinsame Abendmahl mit Reformierten und Lutheranern gefeiert. Man habe sich weinend in den Armen gelegen, wird berichtet. Diese Union auf Gemeindeebene war allerdings eher pragmatisch motiviert. Von theologischem Nachdenken und Diskutieren habe ich wenig gelesen.

---

[1] Der Text basiert auf dem Grußwort des Bischofs der Evangelischen Kirche Berlin-Brandenburg-schlesische Oberlausitz zum Symposium »Was heißt Kirchen-Union heute?« vom 13.–14. Juni 2014 in Berlin.

In der unierten Tradition steht die Evangelische Kirche Berlin-Brandenburg-schlesische Oberlausitz (EKBO) bis heute. In der Grundordnung der EKBO heißt es, dass wir eine lutherisch geprägte Kirche sind. Unser besonderer Charakter aber besteht »in der Gemeinschaft kirchlichen Lebens mit den zu ihr gehörenden reformierten und unierten Gemeinden« (Grundordnung, Grundartikel I, 6). Diese Vielfalt ist ein Schatz, den wir pflegen wollen. Es soll dabei bleiben, dass es in unserer Kirche auch weiterhin reformiert, lutherisch oder uniert geprägte Gemeinden und Ordinierte geben kann und soll. Bei der Ordination, die ich 2014 in Görlitz mit sechzehn jungen Theologinnen und Theologen feiern konnte, war ich dankbar, erstmals in meiner Amtszeit auch zwei reformierte Ordinationen vornehmen zu können.

Ich lege als Bischof sehr viel Wert darauf, dass die angehenden Pfarrerinnen und Pfarrer sich bewusst mit der Frage nach ihrer Bekenntnisbindung auseinandersetzen. Auf den Ordinandenrüsten diskutieren wir intensiv darüber, welche Rolle das Bekenntnis für das Pfarramt und für unsere Kirche heute spielt. Dabei zeigt sich immer wieder, dass das Bewusstsein für verschiedene Bekenntnisse durchaus vorhanden ist und aktiviert werden kann. Daran sollten wir weiter arbeiten, nicht nur mit den angehenden Pfarrerinnen und Pfarrern. Denn die Vielfalt der Bekenntnistraditionen macht uns heute theologisch sprachfähig in einer vielfältigen Welt.

Aber nicht nur nach innen, sondern auch nach außen bringen wir uns mit unserer unierten Tradition in die Gemeinschaft der Landeskirchen ein. So hat die Landessynode der EKBO auf ihrer Frühjahrstagung 2013 eine Anregung zu einer Änderung der Grundordnung der EKD gegeben. Hintergrund ist die Diskussion zur Weiterentwicklung des sogenannten Verbindungsmodells, das seit 2007 auf EKD-Synoden praktiziert wird. Im Anschluss an die Leuenberger Konkordie hat unsere Landeskirche einen Vorschlag gemacht, wie die Grundordnung der EKD behutsam geändert werden kann, um das Kirche-Sein der EKD zum Ausdruck zu bringen. Diesen Vorstoß haben wir als einen bewussten Schritt in unierter Tradition getan.

»Was heißt Kirchen-Union heute?« Die beiden genannten Beispiele geben einen ersten Eindruck davon wieder, dass diese Frage keine Frage von gestern ist. Im Juni 2014 hat sich ein Symposium unserer Landeskirche dem Thema aus verschiedenen Perspektiven genähert. Ich freue mich sehr, dass die Beiträge der Referentinnen und Referenten nun in diesem Band gesammelt sind und einer breiteren Öffentlichkeit zugänglich gemacht werden.

Die Union von 1817

Dorothea Wendebourg

Es gibt viele Kirchen-Unionen auf der Welt, alles in allem um die 60. Und es gab und gibt viele Unionsverhandlungen, allein seit 1800 über 150. Derzeit laufen in Asien, Afrika, Latein- und Nordamerika um die 15 Unionsprozesse, beteiligt daran sind über 50 Kirchen (»uniting churches«). Der Oberbegriff »Union« zeigt an, dass es sich in all diesen Fällen um Kirchenvereinigungen handelt: Konfessionell verschiedene, institutionell getrennte Kirchen werden zu einer. Verborgen bleibt unter dem gemeinsamen Oberbegriff, dass diese Vereinigungen sehr unterschiedlich aussehen, dass sie mit divergierenden Vorstellungen von dem verbunden sind, worin die jeweiligen Kirchen bei dem Unionsprozess eins zu werden hätten.

Da steht auf der einen Seite der älteste, die meisten Christen umfassende Typ von Union: die Vereinigung der römischen Kirche mit altorientalischen und orthodoxen Kirchen – oder besser, mit Teilen dieser Kirchen, denn fast immer ging der Prozess mit Spaltungen auf deren Seite einher. Diese Unionen, die seit dem Mittelalter bis in die jüngere Zeit vollzogen wurden, kamen so zustande, dass Repräsentanten der beteiligten Kirchen Übereinstimmung in der Lehre proklamierten und dass anschließend das von Rom für nötig erachtete Maß von institutioneller Integration herbeigeführt wurde, namentlich die Unterstellung des Klerus und damit auch der Gemeinden der östlichen Signatarkirche unter den Papst. Solche Unionen schwebten im 17. und frühen 18. Jahrhundert manchen Geistern auch für das Verhältnis zwischen Rom und den evangelischen Kirchen vor, in modernerer Form tauchte das Modell im katholisch-lutherischen ökumenischen Dialog des späten 20. Jahrhunderts wieder auf (»Einheit vor uns«). Eine Erklärung gemeinsamer Lehre und institutionelle Integration der beteiligten Kirchen über die Amtsträger sehen auch die Unionen vor, die die anglikanische Kirche und verschiedene andere durch die Reformation gegangene Kirchen vollzogen oder zur Zeit vollziehen, bereits abgeschlossen etwa in Süd- (Church of South India) und in Nordindien (Church of North India); die Integration kam oder kommt hier durch die Bildung einer gemeinsamen Kirchenspitze und durch die Eingliederung aller seit der Union Ordinierten in die anglikanische Amtssukzession zustande – Letzteres auch in der anglikanisch-lutherischen Ökumene ein mancherorts vertretenes Rezept (Porvoo, USA). Anders sehen wegen der anderen Natur der vertretenen Kirchen die beiden Unionen aus, durch die aus reformierten und lutherischen Kirchen die Protestantische Kirche der Niederlande und die Vereinigte Protestantische Kirche Frankreichs wurden. Bei diesen in den letzten Jahren vollzogenen Unionen gab es keine Integration der Amtsträger einer Seite in die Strukturen der anderen, erforderlich war allein die Feststellung, dass man in den wesentlichen Punkten der Lehre übereinstimme, woraufhin die beteiligten Kirchen zu einer erklärt und eine gemeinsame Kirchenleitung geschaffen wurden. So oder ähnlich liefen weltweit die meisten Unionen evangelischer Kirchen ab.

Daneben nun die Preußische Union von 1817, lange nach den großen katholischen Unionen und erheblich vor den Unionen der neueren ökumenischen Zeit. Die Geburt eines Typus von Union, der mit diesem Exemplar zusammenfällt: Kirchenvereinigung nicht durch die Feststellung gemeinsamer Lehre und nicht durch irgendwie geartete Integration der Amtsträgerschaft und der Gemeinden, sondern Kirchenvereinigung schlicht durch gemeinsame Verwaltung samt unbeschränkter Zulassung aller Glieder zum Abendmahl. Dieser Typ von Union ist so einzig und erstaunlich, dass es nur einen Weg gibt, ihn zu verstehen: den Blick in die Geschichte. Ich verfolge diesen Weg in zwei Strängen, wohl wissend, dass beide vielfältig miteinander verknüpft sind: Der erste Rückblick gilt der dynastischen Vorgeschichte, der zweite der unmittelbaren theologischen Vorgeschichte der Union.

1 Die dynastische Vorgeschichte der Preussischen Union

Mit dem Blick in die dynastische Vorgeschichte folgen wir dem Begründer der Preußischen Union, König Friedrich Wilhelm III., selbst. Denn der König präsentierte seinerseits den Aufruf zur Kirchen-Union als Ergebnis einer langen geschichtlichen Entwicklung, die von seinen Vorfahren getragen wurde. In seiner Kabinettsorder vom 27. September 1817, mit der er den 31. Oktober zum Tag für die Union bestimmte, setzte er mit einem großen, über zwei Jahrhunderte zurückgreifenden Rückblick ein:

> »Schon Meine, in Gott ruhende erleuchtete Vorfahren, der Kurfürst Johann Sigismund, der Kurfürst Georg Wilhelm, der große Kurfürst, König Friedrich I. und König Friedrich Wilhelm I. haben ... mit frommem Ernst es sich angelegen seyn lassen, die beiden getrennten protestantischen Kirchen, die reformirte und die lutherische, zu Einer evangelisch-christlichen in Ihrem Lande zu vereinigen. Ihr Andenken und Ihre heilsame Absicht ehrend, schließe Ich Mich gerne an Sie an«.[1]

Die Ahnenreihe, die der König nennt, beginnt mit jenem Vorfahren, der den innerprotestantischen Konfessionsgegensatz in das Kurfürstentum Brandenburg hineingetragen hatte, Kurfürst Johann Sigismund. Noch als Kurprinz am reformierten Kurpfälzer Hof zu Heidelberg vom in seinen Augen nur halbprotestantischen Luthertum zum konsequenteren und moderneren Calvinismus konvertiert, machte der junge Fürst diesen Schritt an Weihnachten 1613 im Berliner Dom mit dem Empfang gebrochenen Abendmahlsbrotes statt einer Hostie seinen Untertanen handgreiflich klar. Nach dem Grundsatz *cuius regio, eius religio* das ganze Land mitzuziehen, wie es der Kurfürst von der Pfalz und andere zum Calvinismus übergegangene Fürsten getan hatten, daran war gleichwohl nicht zu denken. Adel und Bürgertum ebenso wie die Geistlichkeit des Landes, in dem noch vor wenigen Jahrzehnten die strikt anticalvinistische Konkordienformel eingeführt worden war, verweigerten sich. Daran konnte auch die Tatsache nichts ändern, dass das Bekenntnis des konvertierten Fürsten sich auf die *Confessio Augustana,* freilich die modifizierte Fassung von 1540, berief und ausdrücklich Martin Luther und niemals Calvin oder calvinistische Bekenntnisschriften anführte. Das Land blieb nach Bekenntnisstand, Liturgie und Kirchenordnung, was es gewesen war, lutherisch. Die zweite, als kurfürstliche nun erste Konfession beschränkte sich auf den Hof. Auch durch gezielte reformierte Elitenbildung in Hofgesellschaft, Militär und Universität und durch die bevorzugte Ansiedlung reformierter Glaubensflüchtlinge in der zweiten Hälfte des 17. Jahrhunderts ließ sich diese Minderheitenposition zwar mildern, aber nicht beheben.

Ein bloßes Nebeneinander von Landes- und Hofkirche leitete die Konversion des Kurfürsten gleichwohl nicht ein. Denn der konfessionell nun von der Kirche seiner Untertanen geschiedene Herrscher blieb, was er vorher für sie gewesen war: ihr oberster Bischof. Kraft landesherrlichen Kirchenregiments hielten die Kurfürsten, später Könige in Berlin die Zügel der lutherischen

---

[1] J. F. Gerhard Goeters/Rudolf Mau (Hrsg.), Die Geschichte der Evangelischen Kirche der Union. Bd. I. Die Anfänge der Union unter landesherrlichem Kirchenregiment (1817–1850), Leipzig 1992, 91.

wie der reformierten Kirche ihres Landes in der Hand. Zur Durchführung des zweifachen Kirchenregiments diente ihnen das Konsistorium, das strikt paritätisch besetzt wurde, später sollten es mehrere Konsistorien sein; das Amt des Generalsuperintendenten, früher Garant einer gewissen Selbstständigkeit für die lutherische Kirche, wurde abgeschafft, eine Synode, die für die reformierte Kirche eine entsprechende Rolle hätte spielen können, gar nicht erst eingerichtet. Es war die moderne Herrschaftsform des Absolutismus, die, aus Westeuropa ins Heilige Römische Reich dringend, das Kirchenregiment der Hohenzollern seit dem Übergang zur »modernen«, reformierten Form des Protestantismus in besonderer Weise prägte.

Doch trotz klarer Hinordnung beider Kirchen auf den Landesherrn befriedigte die Bikonfessionalität ihres Territoriums die Berliner Herrscher nicht. Ein Herrschaftsraum und eine Kirche, das blieb das Leitbild, das den religiösen ebenso wie den politischen Vorstellungen der Zeit entsprach und das andere Territorien innerhalb des Reiches und die meisten Länder ringsum verwirklicht hatten. Dass dieses Leitbild für Brandenburg idealerweise die landesweite reformierte Kirche gewesen wäre, stand für die von den Vorzügen des Calvinismus überzeugten Hohenzollern fest. Aber wenn die Calvinisierung des ganzen Territoriums nun einmal nicht zu erreichen war, dann musste man eine andere Lösung finden: die Abschmelzung der konfessionellen Gegensätze – mit einer deutlichen Tendenz, auf lutherischer Seite mehr zu nivellieren als auf Seiten der fürstlichen Konfession. Endziel würde die Vereinigung beider Kirchen sein. Um vor Augen zu haben, was da konkret vereinigt werden sollte, muss man sich freilich die Größenverhältnisse vergegenwärtigen: Zur Zeit der ersten Zählung, 1722, also bereits nach dem Zustrom der Hugenotten, gab es in Brandenburg (Kurmark und Neumark) 1 166 lutherische und 90 reformierte Pastoren, also ein Verhältnis von 92,5 Prozent zu 7,5 Prozent[2] Schon diese zahlenmäßige Schere, die sich im Laufe des Jahrhunderts noch weiter öffnete,[3] macht deutlich: Das Problem, das hier behoben werden sollte, war für die Breite der brandenburgischen Kirche bedeutungslos, es verdankte sich allein der Instanz, die auch seine Lösung betrieb, dem Landesherrn.

---

2 Gerd Heinrich, Art. Brandenburg II. Reformation und Neuzeit, in: TRE Bd. 7, 111–128, hier 116.

3 Um 1800 war in der Mark das Zahlenverhältnis 857:42 (Hans-Dietrich Loock, Vom »Kirchenwesen« zur Landeskirche. Das Zeitalter der Reformen und der Konfessionsunion [1798–1840], in: Gerd Heinrich [Hrsg.], Tausend Jahre Kirche in Berlin-Brandenburg, Berlin 1999, 363–427, hier 370).

Der ersten Phase des Programms, der Abschmelzung der Gegensätze, diente die kurfürstliche Religionspolitik des 17. Jahrhunderts; an dessen Ende begann man dann, das Endziel anzusteuern. Das Mittel zur Annäherung sollten Religionsgespräche, wir würden sagen, ökumenische Gespräche zwischen lutherischen und reformierten Theologen des Landes sein. Insbesondere Kurfürst Friedrich Wilhelm, der Große Kurfürst, der erstmals explizit von einer lutherisch-reformierten Kirchenvereinigung als Fernziel sprach,[4] veranstaltete mehrfach solche Gesprächsrunden. Er hatte keinen Erfolg. Die Reformierten hielten weiterhin die lutherische Lehre an wesentlichen Punkten für falsch, und die Lutheraner hielten daran fest, Papisten und Calvinisten zu verdammen – »mit einem Wort, wer nicht lutherisch ist, der ist verflucht«, wie es in der Predigt eines Pfarrers der Berliner Nikolaikirche hieß.[5] Doch Friedrich Wilhelm beließ es nicht bei Ausgleichsversuchen. Kraft seiner bischöflichen Gewalt griff er auch in das innere Leben der ihm unterstehenden Kirchen, insbesondere der lutherischen, ein: Er strich die Konkordienformel aus der Zahl der Bekenntnisschriften der brandenburgischen Lutheraner. Und er bemächtigte sich der Lehre beider Konfessionen, indem er der einen die Prädestinationslehre, der anderen eine angeblich pelagianische Rechtfertigungslehre untersagte und beide zu Modifikationen in Christologie und Abendmahlslehre aufforderte; er verbot den lutherischen Pfarrern seines Landes kritische Bemerkungen über die reformierte Kirche und Theologie – schließlich auch das Umgekehrte –, und er ließ seine Landeskinder nicht mehr im calvinismuskritischen Wittenberg studieren. Eine Salve von Entlassungen zuwiderhandelnder lutherischer Pfarrer durchzog Friedrich Wilhelms Regierungszeit, am bekanntesten der Fall Paul Gerhardts, der sich an die Konkordienformel gebunden sah und in bewährter Tradition der lutherischen Orthodoxie auch wenig geneigt war, sich dem Landesherrlichen Kirchenregiment in geistlichen Dingen zu beugen. Mit all diesen Maßnahmen erreichte der Kurfürst schließlich ein hohes Maß an Ruhe zwischen den Konfessionen – und deren fast vollständige Einbindung in den Staat. Beides war die Voraussetzung dafür, dass der große Zufluss von Hugenotten 1685, mit dem Friedrich Wilhelm die allein wahre »Reformierte Religion«[6] ebenso

---

4 Gerhard Besier, Kirchliche Unionsbildung und religiöse Toleranz im Preußen Friedrich Wilhelms III. (1797–1840), in: Theologische Beiträge 15, 1984, 113–132, hier 116.

5 Zitiert bei Wolfgang Ribbe, Brandenburg auf dem Weg zum polykonfessionellen Staatswesen (1620–1688), in: Gerd Heinrich (Hrsg.), Tausend Jahre Kirche in Berlin-Brandenburg, Berlin 1999, 267–292, hier 272.

6 Heinrich, Art. Brandenburg II (s. Anm. 2), 115.

wie die Wirtschaft des schwer unter den Folgen des Dreißigjährigen Krieges leidenden Landes förderte, aufs Ganze gesehen reibungslos vor sich ging.

Unter dem Nachfolger des Großen Kurfürsten, der als erster König in Preußen den Namen Friedrich I. trug, begann am Ende des 17. Jahrhunderts die zweite Phase der Lösung der Konfessionsfrage, der Weg zur Kirchenvereinigung, zur Union. Eine Union war in den Jahrzehnten zuvor eher von Gliedern der lutherischen und der unionserfahrenen römischen Kirche vorgeschlagen worden, freilich ohne Erfolg. Nun erwog man sie für Lutheraner und Reformierte. Der gewaltsame Vormarsch des Katholizismus in Westeuropa, aber auch im westlichen Reich und die Gefährdung des Protestantismus, die in den vertriebenen Hugenotten sichtbar vor Augen trat, ließ vielerorts die konfessionellen Gegensätze innerhalb des Protestantismus zugunsten der gemeinsamen Wurzeln und Überzeugungen zurücktreten. Der zeitweilig in Berlin wirkende Philosoph Gottfried Wilhelm Leibniz und der dort als Hofprediger des Kurfürsten und späteren Königs Friedrich I. amtierende Brüderbischof Daniel Ernst Jablonski warben deshalb mit Nachdruck für eine gesamteuropäische, von der Schweiz über das Reich, Polen und England bis nach Skandinavien reichende Vereinigung der reformierten und lutherischen Kirchen. Eine Schlüsselrolle sollte dabei das anglikanische England spielen, das, wie es schien, in sich schon protestantisch-ökumenisch und zudem schließlich in Personalunion mit dem lutherischen Hannover verbunden war. Im Rahmen dieser internationalen Kirchenvereinigung würde sich die Union zwischen Reformierten und Lutheranern nicht nur im Reich, sondern auch in Brandenburg von selbst ergeben. Nach Jablonskis Vorstellungen hätte die vereinigte protestantische Kirche des Kurfürstentums die Züge der englischen Kirche getragen.[7]

Für Leibniz und Jablonski war die Union nicht nur Mittel zum politischen Zweck. Vielmehr sahen sie in den Differenzen zwischen den Kirchen keine Gegensätze, die es rechtfertigten, selbstständige konfessionelle Institutionen aufrechtzuerhalten. In Leibniz' Augen galt das auch im Verhältnis zu Rom, es galt aber erst recht zwischen den evangelischen Kirchen. Mit dieser Einschätzung der ökumenischen Lage knüpften beide Männer an die Gedanken des Helmstedter Theologen Georg Calixt an. Und sie sahen sich mit anderen Vertretern der frühen Aufklärung (Hugo Grotius, Christian Thomasius) verbunden, deren Ideal ein von den Staatenlenkern gefördertes gemeineuropäisches,

---

[7] Vgl. Dietrich Meyer, Daniel Ernst Jablonski und seine Unionspläne, in: Harm Klueting (Hrsg.), Irenik und Antikonfessionalismus im 17. und 18. Jahrhundert, Hildesheim 2003, 153–175.

überkonfessionelles Christentum war. Ihr großes internationales Unionsprojekt scheiterte nach jahrzehntelangen Bemühungen vor allem des Hofpredigers an politischen ebenso wie an theologischen Gegensätzen. Brandenburg aber, das eigentlich nur ein Ausschnitt der europäischen Unionslandkarte hätte sein sollen, geriet tatsächlich immer stärker auf den Weg zur Union.

Wenn das Ziel der lutherisch-reformierten Kirchenvereinigung Aussicht auf Erfolg haben sollte, durfte es freilich kein Projekt kirchlich-politischer Eliten bleiben, sondern musste in weiten Kreisen des Landes und der Kirchen angenommen werden. Dazu reichten ökumenische Verhandlungen nicht aus, dafür war eine theologisch-geistliche Mentalitätsveränderung in der Breite der Kirche nötig. Sie führte der Pietismus herbei, der durch das Wirken des pietistischen Gründervaters Philipp Jakob Spener in Berlin und die Ausstrahlung der pietistischen Universität Halle in der ersten Hälfte des 18. Jahrhunderts geradezu zur »preußischen Staatsreligion« wurde. Spener selbst, aber auch sein Schüler August Hermann Francke in Halle, standen den Unionsverhandlungen Leibniz' und Jablonskis zurückhaltend gegenüber. Doch die »pietistische« Art des Christentums, die sie vertraten und mit ungeheurem Echo propagierten, ließ die Bedeutung theologischer Lehren und theologischer Gegensätze zurücktreten gegenüber der empfundenen und tätigen Frömmigkeit. Das Neben- oder gar Gegeneinander zweier protestantischer Kirchen musste so je länger, je mehr schlicht überholt erscheinen.

Die konfessionsnivellierende Wirkung des Pietismus zeigt sich bei niemandem deutlicher als bei dem zweiten preußischen König, dem »Soldatenkönig« genannten Friedrich Wilhelm I., mit dem die neue Strömung die Spitze des Staates erreichte. Friedrich Wilhelm interessierte sich nur noch wenig für das paneuropäische Unionsprojekt. Umso nachdrücklicher wünschte er die Union im eigenen Land. Dazu veranstaltete er keine vorbereitenden Lehrgespräche zwischen Theologen beider Seiten mehr, wie es seine Vorfahren im 17. Jahrhundert getan hatten, sondern er schuf Fakten. Die Pfarrerschaft der lutherischen Landeskirche brachte er konsequent zulasten der lutherischen Orthodoxie auf die pietistische Linie.[8] Zugleich wurden die lutherischen Pfarrer gezwungen, den Reformierten anstößige Zeremonien wie die gesungene Rezitation des Segens, des Evangeliums und der Epistel zu unterlassen, liturgische Gewänder und Kerzen hatten zu verschwinden, die öffentliche Buße

---

8 Das tat er insbesondere dadurch, dass er Predigerposten der Militärkirche ausschließlich mit pietistischen Theologen besetzte und diesen anschließend die wichtigeren Pfarrstellen in der Zivilkirche übergab (vgl. Johannes Wallmann, Friedrich der Große und die preußische Militärkirche, in: ZThK 111, 2014, 148–178, hier 153).

sollte auf Kosten der Privatbeichte eingeführt werden. Beim Bau neuer Kirchen oder bei Kirchenrenovierungen durften keine Altäre mehr aufgestellt werden. Der hier und da schon von seinem Vorgänger angeordnete Bau von Simultankirchen, die von lutherischen und reformierten Ortsgemeinden gemeinsam zu benutzen waren, wurde forciert. Die Nähe zwischen Angehörigen beider Konfessionen, die sich hier ergab, ließ einen Festredner beim Jubiläum der brandenburgischen Reformation 1739 in die Jubelworte ausbrechen: »Wir sehen Menschen beider Gemeinden in denselben Gotteshäusern vereint und wechselseitig, fromm und gut gleichsam als Brüder zu einem himmlischen Vater die Hände erhebend. ... O wie gut, wie anziehend ist es gewesen, Brüder so eins zusammen zu sehen!«[9]

Ein Jahr später, mit dem Tod des Soldatenkönigs, fand der unionistische Eifer der Hohenzollern allerdings erst einmal sein Ende, mit diesem König schließt folglich auch die Reihe der Vorfahren, die Friedrich Wilhelm III. in seinem Unionsaufruf anführt. Man sollte meinen, unter dem Sohn des Soldatenkönigs, Friedrich dem Großen, der sich die Aufklärung auf die Fahnen geschrieben hatte, wäre die Annäherungen der Konfessionen noch einmal rapide fortgeschritten. In der Tat sahen Theologen und Bürger der Aufklärungszeit noch weniger Sinn in den »zufälligen«[10] und nur aufgrund »eingeschränkte[r] Verstandeskräfte« entstandenen Differenzen zwischen Luthertum und Calvinismus als die Pietisten.[11] Dennoch schritt Friedrich auf dem Weg der Kirchenvereinigung nicht weiter fort. Vielmehr lockerte er das unionistische Korsett, ließ die Lutheraner wieder liturgisch singen und Kerzen anzünden und baute keine Simultankirchen mehr. Freilich steckte hinter solchen Zugeständnissen bei dem aufgeklärten Christentumsverächter, dem katholische, protestantische, antitrinitarische oder auch moslemische Untertanen gleich viel galten, wenn sie nur rechte Untertanen waren,[12] keine Sympathie für die eine oder andere Kirche. Vielmehr schätzte er die Mehrzahl der Konfessionen, weil sie ihm erlaubte, diese desto besser am

---

9 Zitiert bei Walter Delius, Berliner kirchliche Unionsversuche im 17. und 18. Jahrhundert, in: JBBKG 45, 1970, 7–121, hier 97.

10 So der Berliner Aufklärungstheologe Johann Joachim Spalding, Von der Einigkeit in der Religion. Eine erweiterte Predigt (1786), in: ders., Einzelne Predigten, hrsg. von Albrecht Beutel und Olga Söntgerath. Kritische Ausgabe II/ 6. Tübingen 2013, 81–112, hier 87,29 (dort substantivisch: »Zufälligkeit«).

11 A. a. O., 85,24 f.

12 Johannes Wallmann, Friedrich der Große und die christlichen Kirchen, in: JSKG 91/92, 2012/2013, 7–35, hier 15–17.

Zügel zu führen. Folgerichtig hebt das Preußische Allgemeine Landrecht von 1794, das noch unter Friedrich II. ausgearbeitet wurde, jede über die Einzelgemeinde hinausgehende kirchliche Organisation auf und weist die Regelung überparochialer Belange der Konfessionen ausschließlich staatlichen Behörden zu.

2 Die unmittelbare theologische Vorgeschichte der Preussischen Union

Der zitierte Berliner Jubelredner zeigte sich schon 1739 entzückt, die lutherischen und reformierten »Brüder so eins zusammen zu sehen«. Und auch in den folgenden Jahrzehnten fehlte es nicht an Stimmen, die das Verhältnis von Lutheranern und Reformierten im Land ähnlich beschrieben. Johann Joachim Spalding etwa, Propst an der Nikolai- und der Marienkirche und lutherischer Oberkonsistorialrat, der bedeutendste Berliner Theologe in der zweiten Hälfte des 18. Jahrhunderts, stellte fest, Lutheraner und Reformierte seien in der wahren »Religion des Christentums« längst eins, was sie unterscheide, seien allenfalls »Meinungen«[13] und »zufällige« Differenzen.[14] Nicht anders eine Generation später der reformierte Hofprediger und einflussreichste Kirchenmann der Residenzstadt um die Jahrhundertwende, Friedrich Samuel Gottfried Sack, der 1798 schrieb, die beiden evangelischen Kirchen des Landes seien »schon dergestalt verschwistert und vereiniget«, dass die Unterschiede »keine wesentliche Trennung unter ihnen mehr [veranlassen]«;[15] wenn man die Namen »lutherisch« und »reformiert« höre, klinge das nicht viel anders als die Namen Nikolai- und Marienkirche.[16] Ähnlich Friedrich Daniel Ernst Schleiermacher, der die Lehrdifferenzen zwischen der lutherischen und der reformierten Kirche nur noch für »todte[n] Wortglaube[n]« und »gedankenlosen[n] Aberglaube[n]«

---

13 Spalding, Von der Einigkeit (s. Anm. 10), 85,6.

14 S. Anm. 10.

15 Friedrich Samuel Gottfried Sack, Promemoria vom 13. Juli 1798, zitiert bei: Erich Förster, Die Entstehung der Preußischen Landeskirche unter der Regierung König Friedrich Wilhelms des Dritten. Ein Beitrag zur Geschichte der Kirchenbildung im deutschen Protestantismus, Bd. I., Tübingen 1905, 107.

16 So Sack zusammen mit Hanstein in ihrem Gutachten für den König vom 31. Mai 1817, zitiert a. a. O., 273.

halten konnte.[17] Das war freilich die Sicht, die die gebildete Mittel- und Oberschicht in Berlin und an einigen anderen, vornehmlich höfischen Orten pflegte, wo es Reformierte in nennenswerter Zahl gab. Die Masse der lutherischen Bürger auf dem Land und in den Landstädten war von der ganzen Frage nicht berührt; das galt für Brandenburg, das galt aber auch für die nach und nach ebenfalls an die Berliner Hohenzollern gekommenen Gebiete Ostpreußen, Pommern und Schlesien. Anders stand es nur in den westlichen Teilen des Königreichs, den Gebieten Mark und Ravensberg, wo seit dem 16. Jahrhundert reformierte und lutherische Gemeinden nebeneinander lebten und an der Basis selbst starke unionistische Kräfte wirksam waren.

Für die tonangebenden Theologen der Hauptstadt hätte auch ein Blick ins Landesinnere, den sie meist ohnehin nicht zu riskieren brauchten, nichts an ihrer Diagnose ändern können, dass Lutheraner und Reformierte »schon ... verschwistert und vereiniget« seien. Denn diese Diagnose war ein prinzipiell-theologisches Urteil. Sie lautete: Das, worin Reformierte und Lutheraner übereinstimmten, sei »die Hauptsache« (Sack),[18] seien die »ersten Principien des Christenthums« (Schleiermacher);[19] die Unterschiede zwischen ihnen, die Differenzen in der Lehre von der Prädestination, vom Abendmahl usf., beträfen nur »Zufälliges« (Spalding),[20] »Nebenfragen«,[21] »Äußerlichkeiten«,[22] welche »das Wesen des Christentums und des Protestantismus« nicht berührten[23] und historisch überholt seien (Sack).[24] Worin aber sah man die Hauptsache, das Wesentliche? In der »reine[n] Lehre des Evangeliums in ihrer göttlichen

---

17 Friedrich Daniel Ernst Schleiermacher, Zwei unvorgreifliche Gutachten in Sachen des protestantischen Kirchenwesens zunächst in Beziehung auf den preußischen Staat (1804), in: KGA I/4, 359–460, hier 393,17.

18 Friedrich Samuel Gottfried Sack, Ueber die Vereinigung der beiden protestantischen Kirchenparteien in der Preußischen Monarchie. Nebst einem Gutachten zur Beförderung der Religiosität, Berlin 1812, 33.

19 Schleiermacher, Unvorgreifliche Gutachten (s. Anm. 17), 370,11.

20 S. Anm. 10.

21 Sack, Ueber die Vereinigung (s. Anm. 18), 33.

22 A. a. O., 40: Es handele sich hier um »Äußerlichkeiten« wie die grüne und blaue Kleidung ansonsten gleicher Schwestern.

23 A. a. O., 31, s. a. 3.

24 A. a. O., 69 f.: Die verschiedenen Bekenntnisschriften könnten nur noch als ehrwürdige historische Dokumente gelesen werden.

Kraft zur Besserung und Beruhigung menschlicher Seele«, schreibt Sack,[25] ähnlich Spalding.[26] In der durch die Reformation »wiederhergestellte[n] Lehre von der Rechtfertigung des Menschen vor Gott durch den Glauben an den Erlöser, und von der Heiligung desselben in der Gemeinschaft mit ihm« sowie in der »Überzeugung, dass keine für verdienstlich gehaltenen äußeren Werke oder Übungen und kein Gehorsam gegen Menschensatzungen jemals dem Menschen einen Werth geben könne vor Gott«, heißt es, stärker reformatorisch formuliert, bei Schleiermacher.[27]

Aus der Diagnose, dass Lutheraner und Reformierte im Wesentlichen ohnehin einig seien, zogen die Theologen allerdings unterschiedliche Konsequenzen. Spalding genügte diese Einigkeit, da es in der Religion nur auf die Übereinstimmung im Herzen ankomme; jeder Versuch, auf eine Vereinigung auch im Äußeren hinzuwirken, würde dem nichts hinzusetzen, vielmehr, wie die Geschichte der Unionsbemühungen zeige, eher alte Parteiungen wiederaufleben lassen.[28] Andere, darunter Sack und Schleiermacher, wollten hingegen, dass die schon gegebene Einheit der protestantischen Konfessionen im »Wesentlichen« auch Folgen für das bislang divergierende kirchliche Leben habe. Sack plädierte zunächst dafür, alles »wegzuschaffen, was noch an ihren [der Konfessionen] ehemaligen Zwiespalt erinnern kann«,[29] und die Übereinstimmung in gemeinsamem Bekenntnis zum Ausdruck zu bringen, wofür nur das infrage komme, was die evangelischen Kirchen schon immer

---

25 Glaubensbekenntniß Seiner Königlichen Hoheit des Prinzen Friedrich Wilhelm, Kronprinzen von Preußen. Nebst den bei der Konfirmazion [!] Se. Königl. Hoheit gesprochenen Reden. Berlin 1813, III, zitiert bei Klaus Wappler, Der theologische Ort der preußischen Unionsurkunde vom 27.9.1817, 42.

26 Religion, eine Angelegenheit des Menschen (1797), hrsg. von Tobias Jersak und Georg Friedrich Wagner, Kritische Ausgabe I/5, Tübingen 2001, 88: »Das Wesentliche bestehe in der »höchste[n] Menschwürde und reinste[n] Gottesliebe im Guteswollen und Rechttun; ... [der] versicherte[n] Zurückbringung und Wiederaufnahme zur Tugend und Glückseligkeit; der Erwartung einer fortdauernden erfreulichen Zukunft unter den unverbrüchlichen Bedingungen der Rechtschaffenheit«.

27 Predigt 62 vom 31.3.1822 anläßlich der Vereinigung der lutherischen und der reformierten Gemeinde an der bisher als Simultankirche fungierenden Dreifaltigkeitskirche (KGA III/7, 88–103), hier 96,19–25.

28 Spalding, Von der Einigkeit (s. Anm. 10), 105,18–110,33.

29 Sack, Ueber die Vereinigung (s. Anm. 18), 40. Wenn er zugleich schrieb, die symbolischen Bücher beider »Parteien« ebenso wie ihre »Privatmeinungen« und »Gebräuche« dürften bestehen bleiben (a. a. O., 51), dann konnte er das in Bezug auf die symbolischen Bücher deshalb sagen, weil sie in seinen Augen ohnehin nur noch historischen Wert hatten (a. a. O., 69 f.).

»für das ihrige erkannt« hätten, nämlich das Apostolikum und die *Confessio Augustana.* Mit anderen Worten, er befürwortete eine Konsensusunion.[30] Damit knüpfte Sack an die Bemühungen des 17. und 18. Jahrhunderts an, denen für die Kircheneinigung ein gemeinsames Lehrdokument notwendig erschienen war. Freilich sollte es im Unterschied zu diesen Zeiten keine neue, in Lehrgesprächen zu erarbeitende »Formel« sein – ein Unternehmen, das immer nur zu neuem Hader geführt habe.[31] Und ebenfalls im Unterschied zu früheren Unionsversuchen sollte nicht das Landesherrliche Kirchenregiment, sondern »die Kirche selbst«, d. h. ihre Pfarrer und »die entschiedene Mehrzahl ihrer Mitglieder«, die Kircheneinheit herbeiführen.[32]

Unter dem Einfluss Schleiermachers gab Sack das Modell der Konsensusunion auf. Da der rationalistische Hofprediger den Gehalt der als gemeinsam empfohlenen Dokumente in der »Lehre des Evangeliums in ihrer göttlichen Kraft zur Besserung und Beruhigung menschlicher Seele« sah, war der Lehrkonsens bereits so kondensiert und moralisch zugespitzt, dass dieser Abschied keinen großen Schritt mehr darstellte. Schleiermacher hielt von vornherein nichts von dem Weg des Lehrkonsenses, wie er 1803 in seinen »Zwei unvorgreiflichen Gutachten in Sachen des protestantischen Kirchenwesens« schrieb. Der Versuch, das Gemeinsame der Bekenntnisse in einem Dokument zu formulieren, würde nur zu einem Abstraktum, einem »mittleren Proportionalglauben« führen, in dem sich niemand wirklich wiederfinden könne.[33] Die unterschiedlichen Bekenntnisse sollten ebenso wie die unterschiedlichen Gottesdienstformen ruhig weiterhin gepflegt werden. Denn sie seien, wie jede kirchliche Lehre, ohnehin nur sekundärer Ausdruck des lebendigen, lehrmäßig gar nicht fassbaren Glaubenslebens, des frommen Gefühls.[34] Dass sich in den verschiedenen protestantischen Bekenntnissen tatsächlich ein gemeinsames Glaubensleben ausdrückte, welches zur kirchlichen Gemeinschaft berechtigte, zeigte sich nach Schleiermacher in einer Grundüberzeugung, die er nicht ihrerseits als Bekenntnisaussage, sondern als unmittelbare Umsetzung des grundlegenden Glaubensgefühls betrachtete, obwohl auch sie in begrifflich-lehrmäßiger Weise fixiert ist: in der von

---

30 A. a. O., 70.

31 A. a. O., 27, 68.

32 A. a. O., 63 f.

33 Schleiermacher, Unvorgreifliche Gutachten (s. Anm. 17), 370,8; s. a. 388,2–398,22.

34 Vgl. Martin Ohst, Schleiermacher und die Bekenntnisschriften, Tübingen 1989, 175 f., der auf den auffälligen Befund verweist, dass Schleiermacher die Themen Union und Bekenntnis kaum zusammen behandelt.

beiden Konfessionen geteilten reformatorischen Einsicht der Rechtfertigung allein aus dem Glauben.[35] Wo diese Einsicht gegeben sei, könnten unterschiedliche Konfessionen als Ausformungen gemeinsamen Glaubenslebens betrachtet werden. Dann könnten aber auch die Glieder dieser Konfessionskirchen, ohne aufzuhören, solche zu sein, miteinander Abendmahl halten, ja, dann sei das gemeinsame Abendmahl bei fortbestehender Konfessionsdifferenz der angemessene Ausdruck innerprotestantischer Gemeinschaft. Mit anderen Worten, die gewünschte Union stiftet für Schleiermacher keine neue oder weitere evangelische Kirche,[36] sondern die Abendmahlsgemeinschaft ist für ihn die zureichende und unüberbietbare Form kirchlicher Union. Hinsichtlich der Lehre der beteiligten Konfessionen ist dabei nur die genannte rechtfertigungstheologische Übereinstimmung vorausgesetzt, einschließlich ihres besonderen Status' gegenüber allen sonstigen Lehraussagen – sie alle sind jener Gemeinsamkeit gegenüber sekundär, unter ihnen fortbestehende Differenzen also keine Trennungsgründe mehr. An institutionellen Schritten impliziert ist lediglich die wechselseitige Zulassung zur Kommunion, verbunden mit der Anstellung von Pfarrern ohne Rücksicht auf ihr Bekenntnis.[37] Als Vorbild für diese Art der Kirchengemeinschaft preist Schleiermacher das Verhältnis von Herrnhuter Brüdergemeine und lutherischer Kirche in Sachsen.[38]

3 Die Union von 1817

Am 27. September 1817 erließ König Friedrich Wilhelm III. jene Kabinettsorder, die von ihm selbst als sein »Glaubensbekenntnis« (Confessio fidei) bezeichnet wurde und in die Geschichte als »Preußische Unionsurkunde« eingegangen ist.[39] Das 300. Reformationsjubiläum am 31. Oktober sollte nicht nur ein großes Ereignis der Vergangenheit feiern, sondern es sollte »den unschätzbaren Segen der Reformation« für die Anforderungen der Gegenwart fruchtbar machen. Kurz, bei dem Jubiläum sollte der »Anfang gemacht« werden zur Verwirklichung des lange erstrebten, aber immer steckengebliebenen »Gott wohlgefällige[n] Werk[es]«, der »Vereinigung der beiden protestantischen Kirchen« des Königreichs. Geschehen sollte das nicht auf dem Weg von

---

35 S. Anm. 27.

36 A.a.O., 178.

37 Schleiermacher, Unvorgreifliche Gutachten (s. Anm. 17), 402,13–17.

38 A.a.O., 394,12–27.

39 Text in: Goeters/Mau, Die Geschichte (s. Anm. 1), 91 f.

landesherrlicher Anordnung und Gehorsam, sondern auf dem Weg von Beispiel und Nachfolge: Er, der König, werde die ihm unmittelbar unterstehenden lutherischen und reformierten Hof- und Garnisongemeinden zu Potsdam zu einer Gemeinde vereinigen und in einem von dieser einen Gemeinde gehaltenen Abendmahl kommunizieren. Und er hoffe, dass sein Beispiel in allen Gemeinden des Königreiches Nachahmung finden werde, wobei sich die rituelle Form mit Hilfe der Konsistorien und Pfarrer ohne Schwierigkeit ergeben werde. Damit werde der Anstoß gegeben für eine Vereinigung, bei der keine der beiden Kirchen zur anderen »übergehen«, sondern »beide Eine neu belebte, evangelisch-christliche Kirche im Geiste ihres heiligen Stifters werden« würden. Die theologische Begründung, die Friedrich Wilhelm für sein Vorhaben angibt, entspricht den Argumenten der führenden Berliner Theologen: Auch bei ihm ist davon die Rede, dass beide Konfessionen in der »Hauptsache des Christentums«, im »Geist des Protestantismus« einig seien und dass die Unterschiede zwischen ihnen nur »Außerwesentliches« und »Äußeres« beträfen.

So sehr Friedrich Wilhelm mit seinem Schreiben Linien auszog, die in der Kirchenpolitik seiner Familie und in der Theologie seiner führenden Kirchenmänner gegeben waren, kamen sein Jubiläumsaufruf und seine Jubiläumsaktion am Ende doch überraschend. Mehrfach hatte er zum Ausdruck gebracht, dass er die Vereinigung der beiden Konfessionen endlich verwirklicht sehen wolle. Als er Anfang des Jahres davon hörte, dass die reformierte und die lutherische Synode seiner Grafschaft Mark sich am Reformationstag zu vereinigen und gemeinsam Abendmahl zu halten gedächten, sah er sich in seinem Streben bestärkt. Doch Einwände der heimischen Theologen hielten ihn zurück – Sack bestand darauf, dass nur die Kirche selbst in Gestalt ihrer Pfarrer einen solchen Schritt beschließen könne, und Schleiermacher befürchtete, der König würde mehr herbeiführen wollen als eine Gemeinschaft im Abendmahl.[40] Den letzten Anstoß dafür, dass Friedrich Wilhelm alle Bedenken beiseiteschob und kraft königlicher Initiative gleichsam in letzter Minute vor dem Jubiläum tätig wurde, war die Nachricht, dass ein anderes Territorium Preußen zuvorkommen werde: In Nassau hatte im August 1817 eine auf Wunsch der Regierung zusammengetretene lutherisch-reformierte Pfarrersynode beschlossen, das Reformationsjubiläum mit der Vereinigung der beiden Konfessionen zu einer evangelisch-christlichen Kirche zu feiern. »Unmöglich kann die Kirche in Ew. Majestät Landen, unmöglich kann Berlin zurückbleiben«, schrieb dem König einer seiner Berater zu dieser Neu-

40 A.a.O., 97 f.

igkeit.[41] Friedrich Wilhelm empfand nicht anders, Berlin konnte in der Tat nicht zurückbleiben. Umgehend wurde Hofprediger Eylert angewiesen, die Kabinettsorder auszuarbeiten, binnen weniger Wochen war sie veröffentlicht, der Lauf der Dinge eingeleitet. Eigentlich hätte Friedrich Wilhelm gerne auch in Berlin auf den Unionsbeschluss einer Pfarrersynode nach Art der Märker zurückgegriffen, was ihm aber in der Kürze der Zeit nicht mehr möglich schien. Doch trat just in den Tagen zwischen Abfassung und Veröffentlichung seines Unionsaufrufs, am 1. Oktober, in Berlin eine vereinigte lutherisch-reformierte Pfarrersynode zusammen,[42] die unter Leitung des von dieser Vereinigung gar nicht begeisterten Schleiermacher ihrerseits mit großer Mehrheit entschied, am 30. Oktober gemeinsam das Abendmahl zu halten; dazu wurde auch gleich ein Ritus beschlossen, der überkonfessionell sein sollte – zu brechendes Brot, das als reformiert galt, sei zu verbinden mit der Rezitation der Einsetzungsworte als Spendeformel, die als lutherisch galt,[43] allerdings ohne das Entscheidende des lutherischen liturgischen Gebrauchs, die performative Rezitation, die durch eine referierende ersetzt wurde. Wie es scheint, wussten die Akteure am Potsdamer Hof und in der Berliner Kirche nichts von dem, was sich gleichzeitig hier und dort abspielte. Als sie voneinander erfuhren, waren sie zufrieden. Der König fand sich bestätigt, dass er mit seiner Initiative nur ins Werk setzte, was den gemeinsamen religiösen Regungen seiner Untertanen entsprach. Und die Berliner Pfarrerschaft konnte im Aufruf des Königs eine Unterstützung dessen sehen, was sie für gut und richtig hielt.

So kam es dann am Reformationsjubiläum in großem Stil zu dem geplanten überkonfessionellen Abendmahl. Am 30. Oktober ging die Berliner Pfarrerschaft in der Nikolaikirche nach dem von ihr beschlossenen Ritus voran. Am 31. kommunizierte der König in der zu einer gemeinprotestantischen erklärten Potsdamer Garnisongemeinde, ebenfalls nach dem in Berlin beschlossenen Ritus. Am selben Tag taten es die Gemeinden in Berlin – die Berliner Protestanten, schon damals nicht für ihre Kirchlichkeit bekannt, strömten in Scharen herbei, die Kirchen waren überfüllt. Und im Land Brandenburg wie in den anderen zum Königreich Preußen gehörigen Gebieten hielten viele Gemeinden ebenfalls das überkonfessionelle Abendmahl, auch an Orten, wo die

---

41 A. a. O., 99. S. allerdings a. a. O., 99–101 dazu, dass der Beschluss in Nassau seinerseits von preußischen Überlegungen abhängig war, diese dann aber zielstrebiger umsetzte.

42 Zu dieser Versammlung, auf der sich die Vereinigte Berliner Synode konstituierte, vgl. Hans-Dietrich Loock, Die Berliner Geistlichen und die Union von 1817, in: JBBKG 56,1987, 57–77.

43 Text in: Goeters/Mau, Die Geschichte (s. Anm. 1), 141.

Kommunikanten nur einer der beiden evangelischen Konfessionen angehörten. Der König konnte zufrieden sein, sein Aufruf erwies sich als Erfolg.

Doch dieser Erfolg sollte nur der Anfang sein, die erste Etappe auf dem Weg hin zu dem Ziel, das der Unionsaufruf bereits benennt: der Kirchenvereinigung, die an die Stelle der beiden konfessionellen Kirchen, der lutherischen und der reformierten, »Eine [...] evangelisch-christliche Kirche« setzen würde. Erst mit diesem Schritt, der sich in der Bildung einer einzigen kirchlichen Institution, der preußischen protestantischen Landeskirche,[44] realisieren würde, war in des Königs Augen die kirchliche Gemeinschaft aller evangelischen Bewohner des Landes vollendet.

Welche institutionellen Elemente für diese eine »evangelisch-christliche Kirche« notwendig sein sollten und wie der Weg zu ihrer Bildung aussehen würde, das gab der König freilich nicht an. Es war ihm vermutlich auch nicht klar. Eine gemeinsame Organisation und Verwaltung gab es ja bereits – es waren die landesherrlichen Organe, in denen Kurfürsten und Könige seit Jahrhunderten schon Reformierte und Lutheraner unter ihrer summepiskopalen Leitung zusammengespannt hatten. Dass die nach den Experimenten der Reformzeit 1815 wieder eingerichteten Konsistorien gar nicht mehr konfessionell bestimmt waren, machte die Verwaltung des preußischen reformierten und lutherischen Kirchenwesens vollends zu einem gesamtprotestantischen Apparat.

Ebenso wenig wie von institutionellen Elementen der angestrebten einen protestantischen Kirche ist im Unionsaufruf von ihrer Lehre die Rede. Es genügt dem König, von der »Einigkeit der Herzen« zu sprechen, die ein »Einssein in der Hauptsache« sei. Wie sich dieses Einssein zu den unterschiedlichen Bekenntnissen verhält, wird nicht angesprochen, diese kommen in dem Aufruf gar nicht vor. Darin unterscheidet sich das preußische Dokument von den Unionserklärungen, die in jenen Jahren in anderen deutschen Ländern abgegeben wurden. Es ist unklar, ob hinter diesem Befund eine theologische

---

[44] Es ist bemerkenswert, dass Friedrich Wilhelm III., im Gegensatz zum Allgemeinen Preußischen Landrecht, welches das Wort »Kirche« nur für Kirchengebäude verwendet und als ekklesiale Subjekte nur die Einzelgemeinden (»Kirchengesellschaften«) kennt, nun den Zusammenhang aller lutherischen und aller reformierten Gemeinden und dann, als Ziel der Union, aller protestantischen Gemeinden in Preußen »Kirche« nennt und darunter vom Staat unterschiedene gemeindeübergreifende Größen sieht. Damit nahm der König eine terminologische und ekklesiologische Entwicklung auf, die sich schon in den Jahren zuvor abgezeichnet hatte und in Verlautbarungen des lutherischen Oberkonsistoriums sichtbar geworden war, freilich ohne Billigung staatlicher Behörden (Loock, Vom »Kirchenwesen« [s. Anm. 3], 375).

Entscheidung steckt oder ein unionsstrategisches Kalkül. In der von Schleiermacher verfassten Erklärung der Vereinigten Berliner Synode zu der gemeinsamen Abendmahlsfeier im Oktober 1817 hieß es, in dem Akt sei kein »dogmatischer Ausgleich« zwischen den Konfessionen impliziert.[45] Das konnte eine prinzipielle Aussage im Sinne der ekklesiologischen Konzeption Schleiermachers sein, der die Erklärung auch verfasst hatte. Andere Teilnehmer der Synode verstanden diese Angabe aber offensichtlich anders. Denn sie stellten fest, »erst die Übereinkunft im Dogma (und die Einheit des Symbolums) [würde] eine wahre und vollständige Kircheneinheit darstellen«; doch wie die Erfahrung mit den Lehrgesprächen der letzten Jahrhunderte zeige, würde jeder Versuch in dieser Richtung die konfessionellen Gegensätze wieder offenbar machen, weshalb es besser sei, »die dogmatischen Differenzpunkte und Ungleichheiten nicht nur nicht zur Sprache, sondern auch nicht weiter zur Ansicht kommen« zu lassen »vor dem Volk«.[46] Nach diesen Stimmen wäre eine Konsensusunion mit gemeinsamer Lehrbasis das eigentliche, nur leider nicht erreichbare Ziel gewesen – eine Vorstellung dann doch in den Bahnen der Unionstraditionen des 18. Jahrhunderts. Ob der König das ebenso sah, muss offenbleiben.

Das einzige Element, das für den Weg zur angestrebten »Einen christlich-protestantischen Kirche« feststand, war also das gemeinsame Abendmahl nach einheitlichem Ritus, die rituelle Union.[47] Und deshalb hing alles daran, dass dieser Schritt gelang, und zwar dauerhaft gelang. Doch gerade hier mussten der König und alle, die dachten wie er, eine große Enttäuschung erleben: Die meisten Gemeinden, die am 31. Oktober 1817 die überkonfessionelle Feier durchgeführt hatten, kehrten unmittelbar danach, andere wenige Monate später zu ihrer früheren Form zurück.[48] Das ergab schon die erste Umfrage, die im April 1818 für Brandenburg unternommen wurde, und weitere Umfragen in den zwanziger Jahren führten immer wieder zu demselben ernüchternden Bild – die nach des Königs Wunsch rituell unierten Gemein-

---

45 Goeters/Mau, Die Geschichte (s. Anm. 1), 141.

46 Zitiert bei Loock, Vom »Kirchenwesen« (s. Anm. 3), 395.

47 Sie wurde angereichert durch liturgische Ausstattungsstücke wie Altarkreuz, Altarbibel und Kerzen in allen Kirchen – ein gewisser Ausgleich, der den Reformierten abverlangt wurde, deren Tradition der Abendmahlsritus stärker entsprach (ibd.).

48 Goeters/Mau, Die Geschichte (s. Anm. 1), 141 f. In Westfalen, wo die Zahlen von Reformierten und Lutheranern weniger weit auseinanderklafften und das Bestreben nach Union von der Basis ausgegangen war und zu eigenen gemeinsamen Riten geführt hatte, blieb es dabei, wobei mit allerhand Variationen, insbesondere die Art und Form des Brotes betreffend, experimentiert wurde (a. a. O., 142).

den waren eine kleine Minderheit.[49] Solche immer wieder unternommenen Umfragen und wiederholt angeforderte Berichte aus den Provinzen[50] zeigen, wie sehr das ganze Unionsprojekt mit dem gemeinsamen Abendmahl nach einheitlichem Ritus stand und fiel.

Dass der Ritus Grund und Medium der einen evangelisch-christlichen Kirche Preußens, die vom König angestoßene Union eine – innerhalb der verwaltungsmäßig schon geeinten Kirche zu vollziehende – Ritusunion sein sollte, zeigt sich an dem zweiten von Friedrich Wilhelm begonnenen Prozess, der sich mit dem Unionsprojekt überlappte, aber in ungeklärtem Verhältnis zu ihm stand: Entwurf und Einführung einer neuen Agende. Starkes Interesse an Fragen der Gestaltung des evangelischen Gottesdienstes hatte Friedrich Wilhelm schon seit Beginn seiner Regierungszeit zwei Jahrzehnte vor dem Unionsaufruf gezeigt. Dabei bewegte ihn ebenso das Verlangen nach einer Reform des ihm geläufigen Gottesdienstes wie nach Überwindung der ungeregelten, vielfach der Willkür der Liturgen folgenden Fülle gottesdienstlicher Formen in seinem Land. Unter dem Einfluss seines Hofpredigers Sack stand dem König dabei von Anfang an fest, dass Ziel der reformerischen Bemühungen eine gemeinsame Agende für Lutheraner und Reformierte sein müsse; wie in der Lehre schien es auch im Gottesdienst keine gewichtigen Unterschiede zwischen beiden Konfessionen mehr zu geben.[51] Was Friedrich Wilhelms liturgischem Engagement eine besondere Note verlieh, war die Hinwendung des reformierten, aber von Romantik und früher Erweckung erfassten Königs zu älteren lutherischen Formen unter Einbeziehung anglikanischer und russisch-orthodoxer Elemente. Sie prägte die liturgischen Entwürfe und Empfehlungen, die der König seit dem Ende der napoleonischen Ära ausgehen ließ und die in der Berliner Agende von 1821/22 und ihren Überarbeitungen gipfelte. Wie sich der konfessionelle Akzent hier geändert hatte, zeigt die Vorrede zu dieser Agende: Auch sie beruft sich, wie der Unionsaufruf, auf die Tradition der Hohenzollern'schen Vorfahren. Doch sie nennt nicht den mit Johann Sigismund beginnenden Stammbaum der reformierten Vorväter, sondern geht zurück auf die mit Joachim II. einsetzende Reihe der lutherischen Kurfürsten von Brandenburg[52] – in ihrer Tradition will der König sein Agendenwerk verankert sehen.

---

49 Gelegentlich kam es sogar zu offener Ablehnung des gemeinsamen Ritus, und zwar von reformierter wie von lutherischer Seite. Vgl. dazu Friedrich Weichert, Die Unionsbestrebungen in Berlin und Brandenburg, in: JBBKG 54,1983, 97–151, hier 104–111.116f.

50 Loock, Vom »Kirchenwesen« (s. Anm. 3), 395–397.

51 Goeters/Mau, Die Geschichte (s. Anm. 1), 135f.

52 Kirchen-Agende für die Hof- und Domkirche in Berlin, Berlin 1822, Vorrede.

Der vielfach behandelte Agendenprozess muss hier nicht im Einzelnen betrachtet werden. Entscheidend ist, dass er zunächst unverbunden neben Friedrich Wilhelms Unionsinitiative herlief. Der überkonfessionelle Ritus, nach dem die von der Kabinettsorder aus dem Herbst 1817 angestrebte Abendmahlsfeier ablaufen sollte und dessen weiterer Gebrauch als Ausweis der Unionswilligkeit der preußischen Gemeinden galt, hatte mit dem Engagement des Königs für die Agende zunächst nichts zu tun. Doch es konnte nicht ausbleiben, dass beide Prozesse verschmolzen; früher oder später musste nicht allein jener Abendmahlsritus, sondern die den ganzen Gottesdienst normierende Agende zum Medium und Ausweis der Unionsbereitschaft werden. Dabei gab sich der König, wie in seinem Unionsaufruf, überzeugt, dass seine evangelischen Untertanen ihm freiwillig folgen und die Agende annehmen würden. Bekanntlich verrechnete er sich auch diesmal. Doch während seine Initiative von 1817 weitgehend schlicht ins Leere lief, weil die Gemeinden in großer Zahl zu ihren alten Ordnungen zurückkehrten oder dabei blieben, gab es diesmal Protest und Widerstand, es folgte der bekannte heftige Agendenstreit. Auch Theologen und Gemeinden, die der Union wohlgesonnen waren, lehnten das liturgische Werk des Summus episcopus ab. Friedrich Wilhelm aber reagierte erstaunlicherweise mit umgekehrter Wertung: Als die Agende weder mit Argumenten noch mit Druck durchzusetzen war, ließ er 1834 verkünden, die Annahme der Union stehe jedermann frei, auf der gemeinsamen Agende aber bestehe er kraft landesherrlicher Kirchengewalt.[53] Mit anderen Worten, der König behauptete, Union und gemeinsame Agende hätten nichts miteinander zu tun,[54] und ließ eher die Kirchenvereinigung fahren als die gemeinsame Liturgie. Das entsprach der zeitlichen Priorität und der Unabhängigkeit des Agendenprojekts gegenüber dem Unionsaufruf. Es war gleichwohl eine erstaunliche Aussage angesichts dessen, dass der gemeinsame Ritus, wenn auch noch nicht in der umfassenden Gestalt der Agende, nach der Vor-

---

53 Vgl. die Kabinettsorder vom 28. Februar 1834 (zitiert in: Albert Hauck, Art. Union, kirchliche, RE, 3. Aufl., Bd. 20, 253–261, hier 259: »Der Beitritt zur Union ist Sache des freien Entschlusses, und es ist daher eine irrige Meinung, dass an die Einführung der erneuerten Agende notwendig auch der Beitritt zur Union geknüpft sei oder indirekt durch sie bewirkt werde. Jene beruht auf den von Mir erlassenen Anordnungen, diese geht [...] aus der freien Entscheidung eines Jeden hervor«).

54 Erstere soll nicht einmal indirekt durch Letztere bewirkt werden (s. Zitat in der letzten Anm.). Nur insofern soll die Agende mit der Union zu tun haben, als in ihr »der Geist der Mäßigung und Milde ausgedrückt [werde], welcher die Verschiedenheit einzelner Lehrpunkte der anderen Konfession nicht mehr als den Grund gelten läßt, ihr die äußerliche kirchliche Gemeinschaft zu versagen« (a. a. O., 259 f.).

stellung von 1817 das einzige Medium der Union gewesen war. Nun sollte die eine evangelisch-christliche Kirche Preußens zwar durch eine gemeinsame Agende zusammengehalten werden, doch nicht mehr die angestrebte unierte Kirche sein. Dass es im Übrigen auch mit der für unverhandelbar erklärten agendarischen Gemeinsamkeit nicht allzu weit her war, zeigten die Anhänge mit liturgischen Alternativen, die dem Corpus der Agende angehängt worden waren, damit sie eine Chance erhielt, in den verschiedenen konfessionellen Lagern angenommen zu werden.[55]

Nichts macht die Fragilität des werdenden Unionsgebäudes deutlicher als der Versuch des Königs, die Kirchenvereinigung noch durch ein weiteres Bindeglied zu stärken, das er in seinem Aufruf von 1817 peinlich ferngehalten hatte: das Bekenntnis. Die Agende sollte einen neuen Ordinationseid enthalten, in dem alle Ordinanden der preußischen evangelischen Kirche sich auf die Lehre verpflichtet hätten, die in der *Confessio Augustana Invariata* und im lutherischen Konkordienbuch verzeichnet sei, wie sie die evangelische Kirche in den Ländern des Königs »übereinstimmend angenommen« habe (1822).[56] Mit diesem Formular wäre die eine protestantische Kirche Preußens zu dem geworden, was die brandenburgische ursprünglich gewesen und noch ganz überwiegend war, zu einer lutherischen. Es gelang den entsetzten Beratern des Königs, ihn davon abzubringen und den Kompromiss zu erreichen, dass die Ordinationsverpflichtung der Lehre der »übereinstimmend angenommenen« Bekenntnisschriften ohne Nennung bestimmter Dokumente gelten sollte. Doch dass zu den Elementen, die die eine uniert-evangelische Kirche Preußens verbanden, nun auch Dokumente gemeinsamer Lehre gehören sollten, hieß nichts weniger, als dass die werdende Union sich zu einer Konsensusunion hin öffnete. Freilich nur kurz: In derselben Erklärung, in der Friedrich Wilhelm 1834 die Verbindlichkeit der Agende unterstrich, sah er sich angesichts des bleibenden Widerstandes gegen seinen Kurs zu der Feststellung veranlasst, »die Union bezweck[e] und bedeut[e] kein Aufgeben des bisherigen Glaubensbekenntnisses«, »die Autorität, welche die Bekenntnisschriften der beiden evangelischen Confessionen bisher gehabt haben, [ist] durch sie nicht aufgehoben«. Der ganze Zweck der Union liege in einem »Geist der Mäßigung und Milde«, der die konfessionellen Differenzen nicht mehr als Hinderungsgrund für eine »äußerliche kirchliche Gemeinschaft« gelten lasse.[57] Die Zeiten hatten sich in anderthalb Jahrzehnten gründlich geändert: Was 1817 als über-

---

[55] Goeters/Mau, Die Geschichte (s. Anm. 1), 157–159.

[56] Zitiert a. a. O., 145.

[57] Zitiert in Hauck, Union (s. Anm. 53), 258 f., vgl. o. Anm. 54.

holte Äußerlichkeit gegolten hatte, die unterschiedlichen Bekenntnisse, war nun zu einer Instanz bleibender Autorität geworden. Und an die Stelle des Ziels, das der König 1817 feierlich beschworen hatte, »der Einigkeit der Herzen« und »nicht nur einer Vereinigung in der äußeren Form«,[58] trat nun die »äußerliche Gemeinschaft«.[59] Mit anderen Worten, das Ziel war die liturgisch abgesicherte Verwaltungsunion. Genauer, eigentlich war die Verwaltungsunion kein Ziel, sondern sie war das, was man bereits hatte, ja in gewisser Weise seit dem Kirchenregiment des ersten reformierten Landesherrn Johann Sigismund bereits gehabt hatte, und was jetzt durch den Abbau gottesdienstlicher Schranken stabilisiert wurde. Die überkonfessionelle Verwaltung hatte sich verfeinert und verfestigt, sie wurde nun abgesichert, und sie sollte schließlich stabil genug sein, die Union über den Untergang der monarchischen Spitze hinauszuführen.

Noch aber war der Landesherr da, und seine Exekution der Union offenbarte noch einmal, was Ausgangspunkt und Motor der preußischen Kirchenvereinigung war, die landesherrliche Macht. Dasselbe königliche Schreiben, das die Union zur »äußerlichen«, zur Verwaltungsunion herabstufte, wandte sich mit aller Schärfe gegen die Gegner der Agende. Es blieb nicht bei scharfen Worten. Um die Agende durchzusetzen, ließ der Summus episcopus Pfarrer suspendieren und ins Gefängnis werfen, ließ er auch Gemeindeglieder einsperren und setzte schließlich Soldaten in Marsch. In der gewaltsamen Übernahme der Kirche von Hönigern in Schlesien durch königliches Militär an Weihnachten 1834, die den Tiefpunkt monarchisch-preußischer Kirchengeschichte markiert,[60] zeigte sich das ungeschminkte machtpolitische Gesicht der Union.

---

58 Unionsurkunde (s. Anm. 35), 92.

59 Dass dieses Minimalziel von vielen als ungenügend empfunden wurde, führte dazu, dass zwölf Jahre später, 1846, noch einmal der Versuch unternommen wurde, die Preußische Union zu einer Bekenntnisunion fortzuentwickeln und ihr ein neu formuliertes *symbolum biblicum* zugrunde zu legen – von den Gegnern nach seinem Autor, dem Bonner Vermittlungstheologen Carl Immanuel Nitzsch, spöttisch »Nitzschenum« genannt. Der Versuch scheiterte am Widerstand konfessionsbewusster Kritiker und am Einspruch König Friedrich Wilhelms IV. Vgl. zu diesen Vorgängen Volker Drehsen, Kirchentheologische Vermittlung. Carl Immanuel Nitzsch (1787–1868), in: Friedrich Wilhelm Graf (Hrsg.), Profile des neuzeitlichen Protestantismus I. Aufklärung – Idealismus – Vormärz, Gütersloh 1990, 287–318.

60 Vgl. Goeters/Mau, Die Geschichte (s. Anm. 1), 231–236; zum Kontext s. Werner Klän, Die altlutherische Kirchenbildung in Preußen, in: Wolf-Dieter Hauschild (Hrsg.), Das deutsche Luthertum und die Unionsproblematik im 19. Jahrhundert, Gütersloh 1991, 153–170.

4 Fazit

Die Entstehung der preußischen Union – man kann sie nicht anders denn fragwürdig nennen. Ein wirres, oft geradezu kopfloses Experimentieren mit verschiedenen Modellen der Kircheneinheit, ein Veitstanz von Maßnahmen, die oft schneller zurückgenommen als erlassen waren. Als Motor in dem allen die landesherrliche Kirchengewalt. Als Ergebnis das, was man, wenngleich in verschiedenen Formen, schon immer gehabt hatte: eine gemeinsame Verwaltung.

Verwaltung und Macht. Und doch ist das nicht alles, was über die Preußische Union zu sagen ist. Das Erstaunliche, gerade auch den von außen Kommenden Erstaunende, ist, dass diese Kirche – zunächst als eine einzige Institution, seit dem Untergang des alten Preußen in mehreren Landeskirchen – seit zweihundert Jahren lebt. Die fragwürdige Entstehungsgeschichte ist offensichtlich kein hinreichender Maßstab, die preußische Unionskirche und ihre Kinder zu beurteilen – ebenso wenig, wie der Hinweis auf Karls des Großen blutige Sachsenmission oder auf die staatskirchlichen Maßnahmen der Fürsten der Altprotestantischen Orthodoxie alle langfristigen Folgen diskreditiert, die daraus für die Kirche erwuchsen. Die einer evangelischen Kirche unwürdige Nötigung von Lutheranern und Reformierten unter ein kirchliches Dach ist offensichtlich nicht nur dies, nicht nur Zwang gewesen – sonst wäre der Schritt wohl auch gescheitert. Sondern darunter gab es ein spezifisches, in der gemeinsamen Verwurzelung in der Reformation begründetes Zusammengehörigkeitsbewusstsein, das beide Konfessionen miteinander verband und verbindet und das im Verhältnis zu anderen Kirchen nicht gegeben war und ist. Tatsächlich hat sich die innere Einigkeit, die der König 1817 beschwor und auf die er 1834 verzichtete, im Laufe der Zeit in hohem Maß entwickelt und die Verwaltungsunion faktisch über sich selbst hinausgeführt. Zugleich kann der ungeklärte, bis heute ungeklärte Umgang mit der Bekenntnisdifferenz innerhalb der Union nicht übersehen lassen, dass das Zusammenleben von Lutheranern und Reformierten unter einem kirchlichen Dach neben Indifferenz auch wechselseitige Stärkung aus dem jeweiligen konfessionellen Erbe ermöglicht – das hat sich im Kirchenkampf erwiesen; und dass aus diesem Zusammenleben nicht nur Lehrvergessenheit, sondern auch eine Aufmerksamkeit für Grundeinsichten der Reformation entspringt, die beide Konfessionen, auch über die unierten Kirchen hinaus, vor Irrwegen zu bewahren vermag – das hat sich etwa in der Auseinandersetzung über die »Gemeinsame Erklärung zur Rechtfertigungslehre« gezeigt. Und schließlich – wohl das Wichtigste: In den Gottesdiensten der preußisch-unierten Kirchen kommt das Evangelium, wie es die Reformation zu Sprache gebracht hat, nicht schlechter, weniger klar, rege und glaubwürdig zu Wort als in evangelischen Landeskirchen mit einheitlichem Bekenntnisstand und einheitlicher Liturgie. Das ist jedenfalls die Erfahrung einer früheren VELKD-Lutheranerin in der preußischen Union.

Union und Bekenntnis

Öffnung oder Verwässerung?

Wilfried Härle

Das Thema, das mir gestellt wurde, besteht überwiegend aus mehrdeutigen Begriffen bzw. Worten. Das beginnt mit den beiden Begriffen »Union« und »Bekenntnis«, setzt sich fort bei »Öffnung« und »Verwässerung« und schließt sogar das »oder« zwischen diesen beiden ein: »aut« oder »vel«? Übrig bleibt eigentlich nur das »und« zwischen »Union« und »Bekenntnis«, das man – wenn es nicht als einfaches Additionszeichen verstanden wird – im Allgemeinen als Aufforderung zu einer Verhältnisbestimmung versteht. Und um die soll es in diesem Aufsatz auch gehen.

Ich behaupte nicht, ich wüsste gar nicht, worum es sich bei diesem Thema überhaupt handelt, sondern ich sage nur: Das Thema, das mir gestellt wurde, besteht fast nur aus mehrdeutigen Begriffen bzw. Worten. Und ich nehme das – wie ich es gerne tue – als eine Aufforderung, zunächst einmal zu sagen, wie ich diese Begriffe und Worte in diesem Vortrag bzw. Aufsatz *verstehe*, worüber ich also reden will (1). Danach will ich versuchen, möglichst genau zu erfassen und zu beschreiben, worin das *Problem* besteht, das mit der Themenformulierung in den Blick gefasst wird (2). Abschließend möchte ich diese Verhältnisbestimmung theologisch reflektieren, indem ich sie in Beziehung setze zu dem Begriff »Konkordie«, und möchte prüfen, welches Licht von daher auf das Verhältnis von »Union« und »Bekenntnis« fällt (3).

Bei der Ausarbeitung dieser kleinen Abhandlung hat sich mir wieder die These Gerhard Ebelings bestätigt, man könne aus Luthers Theologie die Kunst des Unterscheidens[1] lernen. Ob das ein unionistischer oder ein

---

1 Gerhard Ebeling, Luther. Einführung in sein Denken, Tübingen (1964) 1981^{4}, bes. Kap. V–XIV sowie ders., Das rechte Unterscheiden. Luthers Anleitung zu theologischer Urteilskraft, in: ders., Theologie in den Gegensätzen des Lebens. Wort und Glaube, Bd. 4, 1995, 420–459. Vgl. hierzu auch den Abschnitt C 2 »Theologie als Unterscheidungslehre«, den Albrecht Beutel als Schüler Ebelings verfasst und in das von ihm herausgegebene Luther-Handbuch aufgenommen hat (Tübingen 2005, 450–454). Ich habe diese Beobach-

konfessionalistischer Beitrag ist, überlasse ich dem Urteil der Leserinnen und Leser.

1 Verständigung über die Themabegriffe

1.1 »Union«

Es geht nicht aus der *Themenformulierung,* wohl aber aus dem *Anlass und Ort des Symposiums* in Vorbereitung auf die 200-jährige Wiederkehr der Preußischen Union von 1817 im Jahr 2017 hervor, was hier mit »Union« gemeint und was *nicht* gemeint ist, obwohl das Gemeinte keineswegs der einzig mögliche oder auch nur der allgemein geläufige Sprachgebrauch ist. Auf die Namen von Parteien oder Sportvereinen (»Union«) braucht man dabei – selbst in Berlin – gar nicht zu verweisen, aber auch das ökumenisch und ökumenistisch[2] interessante Phänomen der Union autokephaler orthodoxer Kirchen mit der römisch-katholischen Kirche lasse ich ganz beiseite, obwohl es im ökumenischen Gespräch in Form der Rede von der »(vollen) sichtbaren Einheit« eine Parallele hat.

Andererseits kann und will ich mich aber nicht ganz und gar auf die Preußische Union aus dem Jahr 1817 und auf deren Fortwirkung bis in die Gegenwart (und sicher auch in die Zukunft) beschränken, weil *diese* Union nun doch nur *eine von mehreren ähnlichen und zeitgleichen* Unionen war, die ebenfalls bis in die Gegenwart fortdauern und die in der »Evangelischen Kirche der Union« (EKU) und dann in ihrer Nachfolgeinstitution, der »Union Evangelischer Kirchen« (UEK), sogar eine institutionelle Gemeinschaft (als »Union von Unionen« bzw. von »unierten Kirchen«) gefunden haben. Denn diese Unionen haben das Verhältnis von »Union« und »Bekenntnis« keineswegs gleichartig bearbeitet und gelöst. Es würde unsere Thematik unzulässig

---

tungen aufgenommen in meinem Aufsatz: Luthers Theologie als Kunst lebenswichtiger Unterscheidungen, in: Wilfried Härle, Spurensuche nach Gott. Studien zur Fundamentaltheologie und Gotteslehre, Berlin/New York 2008, 240–256.

[2] Das Adjektiv »ökumenistisch« gehört zu dem Substantiv »Ökumenismus«, mit dem die römisch-katholische Kirche seit dem 2. Vatikanischen Konzil ihre Programmatik und Praxis für die Verhältnisbestimmung der römisch-katholischen Kirche zu anderen christlichen Kirchen und kirchlichen Gemeinschaften – in terminologischer Abgrenzung vom Begriff »Ökumene« bezeichnet. (Siehe das »Decretum de Oecumenismo« [dt. »Dekret über den Ökumenismus«]: »Unitatis redintegratio« vom 21. November 1964 (in: LThK^2, Bd. 13, Freiburg/Basel/Wien 1967, 9–126). Für Ökumene wie Ökumenismus ist »Union« gleichermaßen ein relevantes Thema.

reduzieren und vereinfachen, wenn diese anderen Unionen vom Beginn des 19. Jahrhunderts ganz außer Betracht blieben, zeigen sie doch, dass es zu dem Modell der Preußischen Union auch damals Unions-Alternativen gab, die gewählt werden *konnten* und teilweise gewählt *wurden*. Und diese Alternativen bezogen sich vor allem auf die Verhältnisbestimmung von »Union« und »Bekenntnis«. Aber im Zentrum meiner Beobachtungen und Überlegungen steht natürlich die Preußische Union als politisch und kirchlich gewollte und rechtlich vollzogene Vereinigung der damaligen lutherischen und reformierten Kirchen in Preußen.

Dabei muss, auch wenn es allen Kundigen klar ist, ausdrücklich gesagt werden: Es geht bei alledem um Unionen zwischen lutherischen und reformierten Kirchen, die im 16. Jahrhundert trotz mancher Bemühungen nicht möglich waren, was spätestens seit dem sogenannten *Marburger Religionsgespräch von 1529* zu getrennten konfessionell-kirchlichen Entwicklungen geführt hat, die insbesondere die Abendmahlsgemeinschaft zwischen Lutheranern und Reformierten und damit die *Kirchengemeinschaft*, und das heißt: die *sichtbare Einheit* zwischen ihnen ausschloss. Um die *innerevangelischen Unionen*, die Anfang des 19. Jahrhunderts mit dem Ziel gebildet wurden, diese *innerevangelische* (bzw. innerprotestantische) *Kirchentrennung* zu überwinden – und nur um sie – geht es in meinem Vortrag.

1.2 »Bekenntnis«

Dass auch der Begriff »Bekenntnis« – selbst wenn man nur seinen innertheologischen und innerkirchlichen Bedeutungsgehalt in den Blick fasst – mehrdeutig ist, ist ebenso offenkundig wie beim Unionsbegriff. Plausibilität und heuristischen Wert besitzt zur Klärung dieses semantischen Feldes die von Rolf Schäfer[3] vorgeschlagene Typologie des Bekenntnisbegriffs. Er unterscheidet zwischen a) dem *Sündenbekenntnis* (des Einzelnen und der Gemeinde), b) dem *Taufbekenntnis* (als Ausdruck des Religions- und/oder des Herrschaftswechsels von Satan zu Christus), c) dem gottesdienstlichen

---

[3] Rolf Schäfer, Der Evangelische Glaube, Tübingen 1973, 52f. Diesem Schema könnte man den Akt des (kirchlichen oder persönlichen) Bekennens hinzufügen, der in einer herausfordernden bzw. bedrohlichen Situation erfolgt. In diesem (aber auch nur in diesem) Sinn war auch die Barmer Theologische Erklärung von 1934 ein Bekenntnis(-akt), jedoch ausdrücklich nicht als kirchliches Lehrbekenntnis. Das zeigt jedoch, dass die Unterscheidung von Bekenntnisinhalt und Bekenntnisakt auf eine andere Ebene und nicht in das Schema gehört.

Glaubensbekenntnis (Credo) und d) dem kirchlichen *Lehrbekenntnis* (Bekenntnisschriften). Dieser letztgenannte (spezifisch evangelische) Bekenntnisbegriff unterscheidet sich vom römisch-katholischen Parallelbegriff »Dogma« dadurch, dass für das kirchliche Bekenntnis bewusst *keine höchste,* geschweige denn eine *unfehlbare* Autorität in Anspruch genommen wird. Gleichwohl kommt im Bekenntnis die verbindliche Wahrnehmung des kirchlichen Lehramtes nach evangelischem Verständnis zum Ausdruck.

Das bringt die Konkordienformel in ihrem einleitenden Abschnitt »Von dem summarischen Begriff, Regel und Richtschnur«[4] zum Ausdruck, indem sie zwischen der Heiligen Schrift und den kirchlichen Bekenntnissen (»Symbola«) wie folgt unterscheidet:

> »Solchergestalt wird der Unterschied zwischen der Heiligen Schrift Altes und Neuen Testamentes und allen andern Schriften erhalten, und bleibt allein die Heilige Schrift der einig Richter, Regel und Richtschnur, nach welcher als dem einigen Probierstein sollen und müssen alle Lehren erkannt und geurteilt werden, ob sie gut oder bös, recht oder unrecht sein.
>
> Die andere Symbola aber und angezogene Schriften sind nicht Richter wie die Heilige Schrift, sondern allein Zeugnis und Erklärung des Glaubens wie jederzeit die Heilige Schrift in streitigen Artikuln in der Kirchen Gottes von den damals Lebenden vorstanden und ausgeleget, und derselben widerwärtige Lehr vorworfen und vordambt worden.«[5]

Der Ort, an dem dies kirchenrechtlich verbindlich formuliert ist, sind die kirchlichen *Grundordnungen,* in denen auch diejenigen Texte namentlich aufgeführt werden, die in der jeweiligen Kirche als Lehrbekenntnisse in normativer Geltung stehen. Dabei ist die bereits erwähnte lutherische Konkordienformel insofern ein mustergültiges evangelisches Lehrbekenntnis, als sie – im Modus des Bekenntnisses – die verbindlichen Bekenntnisse und deren Bedeutung benennt. Sie bildet insofern das genaue Gegenstück zum römisch-katholischen Dogma »Pastor aeternus« von 1870, als in ihm *im Modus* beanspruchter *Unfehlbarkeit* die *Unfehlbarkeit des päpstlichen Lehramtes* dogmatisch festgestellt wird. Dass die evangelischen Kirchen bewusst keinen solchen Unfehlbarkeitsanspruch für ihr Lehrbekenntnis erheben, heißt jedoch nicht, dass sie kein verbindliches kirchliches Lehramt und keine verbindliche

---

4 BSLK 767–769 (= Epitome) und 833–843 (= Solida Declaratio).

5 BSLK 769, 19–35 (= Epitome).

Lehre hätten. Aber deren Gestalt ist eben das kirchliche Lehrbekenntnis, von dem in meinem Vortrag die Rede sein soll.

1.3 »Öffnung oder Verwässerung«

Ich erspare mir und den Lesern eine Erörterung oder einen Präzisierungsversuch zu den Begriffen »Öffnung« und »Verwässerung«, merke dazu nur an, dass sie im allgemeinen Gebrauch eher positiv (»Öffnung«) oder negativ (»Verwässerung«) konnotiert sind, und konzentriere mich kurz auf das »oder«, das diese beiden Begriffe zu trennen scheint.

Man muss sich gar nicht in die Tiefen oder Untiefen psychologischer Logik begeben, um zu der Einsicht zu kommen, dass solche mit »oder« gebildeten Begriffspaare häufig – und so auch in diesem Fall – eine *Unterscheidungskraft vorspiegeln,* die ihnen gar nicht eignet. Der Clou bei vielen solcher »Oder-Themen« besteht genau in der Erkenntnis, dass *beides* der Fall ist: Öffnung *und* Verwässerung. Dem kann man dann die Form geben, dass es sich um eine Öffnung durch Verwässerung oder um eine Verwässerung zum Zweck der Öffnung handelt, und der ernsthaftere Teil des Streites wird dann in der Regel darüber geführt, ob das (eher positive) Moment der Öffnung gegenüber dem (eher negativen) Moment der Verwässerung dominiert oder nicht. Wenn man das erkannt hat, kann man vermeiden, unnötige Schlachten über sprachliche Ausdrucksmittel zu schlagen. Das kirchliche und das theologische Leben sind auch ohne sie schwer und anstrengend genug. Bemerkenswert ist in diesem Zusammenhang aber die Tatsache, dass das Stichwort »Profilierung« – als Alternative zu »Verwässerung« – hier gar nicht auftaucht. Und einer solchen Profilierung sollten und wollten die Unionen ja wohl auch nicht dienen.

Damit soll es nun aber genug sein mit der Verständigung über die mir aufgetragene Themenstellung. Ich spreche also über die innerevangelischen kirchlichen Unionen, die Anfang des 19. Jahrhunderts in unterschiedlichen Formen, aber stets als organisatorisch-rechtsförmige Vereinigung zwischen konfessionell unterschiedlichen evangelischen Kirchen entstanden sind und aus lutherischen und reformierten Kirchen *unierte Kirchen gebildet haben.*

Ich frage nun, was das Ziel und das Ergebnis dieser Unionen waren und welche Bedeutung dabei dem kirchlichen Lehrbekenntnis zukam.

2 Ziel und Ergebnis der Union(en)

2.1 Auslöser und Ziel der Unionen

Was bewog die politisch und kirchlich Verantwortlichen in acht Territorialkirchen (Hessen-Nassau, Preußen, Hanau, Pfalz, Kurhessen, Anhalt, Waldeck-Pyrmont und Rheinhessen[6]) in der Zeit von 1817 bis 1822[7], also innerhalb von nur fünf Jahren, Unionen durchzuführen? Wenn ich recht sehe, besteht in der Forschung weitestgehende Einigkeit über die Anlässe und Motive, die dafür ausschlaggebend oder zumindest förderlich waren.

a) Der *äußerlichste* Auslöser war m. E. der, der uns mit der damaligen Situation verbindet: die bevorstehende Wiederkehr der *Säkularfeier der Reformation am 31. Oktober 1817.* Wie sehr der Verweis auf dieses Datum und Ereignis an der Oberfläche bleibt, wird aber schon daraus deutlich, dass ja zwei solche Jubiläen bereits verstrichen waren, ohne vergleichbare Bewegungen ausgelöst zu haben. Nur in Verbindung mit *gewichtigen anderen Gründen* kann man deshalb das Reformationsjubiläum zur Erklärung heranziehen. Aber so viel kann man doch – gerade mit dem Blick auf Preußen – sagen: Das Reformationsjubiläum bot einen willkommenen, festlichen Anlass und Rahmen für die Union.

b) Sachlich von weitaus größerem Gewicht war zweifellos die Tatsache, dass mit dem *Reichsdeputationshauptschluss von 1803* und mit der 1806 daraus folgenden Auflösung des Heiligen Römischen Reiches Deutscher Nation alle Hoheitsrechte auf die *Landesherren* übergingen. Damit lag es erstmals in deren rechtlicher Befugnis, auch solche weitgehenden Eingriffe in die kirchlichen Verfassungen vorzunehmen, wie Unionen sie darstellen.

c) Ein gewichtiger Grund, von dieser Möglichkeit nun auch Gebrauch machen zu wollen, ergab sich für die Landesfürsten aus der Tatsache, dass der Wiener Kongress 1814/15 zu einer *territorialen Neuordnung* in den europäischen Ländern, insbesondere in Preußen und Österreich geführt hatte, durch die sich aufgrund von Gebietszuwächsen bzw. -änderungen auch in konfessioneller Hinsicht neue Situationen und Mischungsver-

---

6 Diese Aufzählung erfolgt gemäß der zeitlichen Reihenfolge, in der die Unionen stattfanden.

7 In den folgenden Jahren folgten noch eine Reihe weiterer Unionen.

hältnisse ergaben, die Vereinigungstendenzen nahelegen oder verstärken konnten.

d) Mit dem siegreichen Ausgang der Befreiungskriege gegen das napoleonische Frankreich war in den deutschen Ländern ferner eine Welle *patriotischer Begeisterung* verbunden, die dem deutschen Einheitsstreben in *politischer,* aber auch in *kirchlicher* Hinsicht einen beachtlichen Schub verlieh. Auch davon profitierten die Unionsbestrebungen.

e) Schließlich ist auch *ein kirchlich-theologischer Grund* zu nennen, der die damaligen kirchlichen Unionen beförderte: Die drei großen kirchlich-theologischen Bewegungen der damals vorangegangenen anderthalb Jahrhunderte: *Pietismus, Aufklärung und Erweckungsbewegung* waren bei aller zwischen ihnen bestehenden (teilweise fundamentalen) Unterschiede und Gegensätze doch miteinander verbunden durch ein nur noch *gering ausgeprägtes Interesse am kirchlichen Lehrbekenntnis* und an dogmatischen Auseinandersetzungen. Dieses Spezifikum der Orthodoxie wollten sie alle hinter sich lassen. Das heißt aber: Das einzig kirchlich-theologische Motiv, das für die Unionen namhaft zu machen ist, ist eher negativer als positiver Art. Aber man kann ihm natürlich dadurch eine positive Wendung und Zuspitzung geben, dass man die aufgrund des nachlassenden Bekenntnisinteresses möglich gewordene *kirchliche Einheit* in den Vordergrund stellt. Und so ist es ja auch sowohl von politischer wie von kirchlicher Seite geschehen. Exemplarisch dafür ist der Beginn der preußischen Unionsurkunde Friedrich Wilhelms III. vom 27.09.1817, wo der Monarch schreibt:

»Schon Meine, in Gott ruhende erleuchtete Vorfahren [...] haben [...] mit frommem Ernst es sich angelegen seyn lassen, die beiden getrennten protestantischen Kirchen, die reformirte und die lutherische, zu Einer evangelisch-christlichen in Ihrem Lande zu vereinigen. Ihr Andenken und Ihre heilsame Absicht ehrend, schließe Ich Mich gerne an Sie an, und wünsche ein Gott wohlgefälliges Werk, welches in dem damaligen unglücklichen Sekten-Geiste unüberwindliche Schwierigkeiten fand, unter dem Einfluße eines bessern Geistes, welcher das Außerwesentliche beseitiget und die Hauptsache im Christenthum, worin beide Confessionen eins sind, fest, zur Ehre Gottes und zum Heil der christlichen Kirche, in Meinen Staaten zu Stande gebracht und bei der bevorstehenden Säcular-Feyer der Reformation, damit den Anfang gemacht zu sehen! Eine solche wahrhaft religiöse Vereinigung der beiden, nur noch durch äußere Unterschiede getrennten protestantischen Kirchen ist den großen Zwecken des Christenthums gemäß; sie entspricht den ersten Absichten der Reformatoren; sie liegt im Geiste des Protestantismus; sie befördert den kirchlichen Sinn; sie ist heilsam der häuslichen Frömmigkeit; sie wird die Quelle vieler nützlichen, oft nur durch den Unterschied der Confession bisher gehemmten Verbesserungen in Kirchen und Schulen.

Dieser heilsamen, schon so lange und auch jetzt wieder so laut gewünschten und so oft vergeblich versuchten Vereinigung, in welcher die reformirte Kirche nicht zur lutherischen und diese nicht zu jener übergehet, sondern beide Eine neu belebte, evangelisch-christliche Kirche im Geiste ihres heiligen Stifters werden, steht kein in der Natur der Sache liegendes Hinderniß mehr entgegen, sobald beide Theile nur ernstlich und redlich in wahrhaft christlichem Sinne sie wollen, und von diesem erzeugt, würde sie würdig den Dank aussprechen, welchen wir der göttlichen Vorsehung für den unschätzbaren Segen der Reformation schuldig sind, und das Andenken ihrer großen Stifter, in der Fortsetzung ihres unsterblichen Werks, durch die That ehren.«[8]

Damit sagt Friedrich Wilhelm III. in diesem für die Preußische Union maßgeblichen Dokument, dass die zwischen den lutherischen und reformierten Kirchen bestehenden Lehrunterschiede allesamt unwesentlich (geworden[9]) sind, ohne zugleich zu sagen, wodurch und in welchem Sinne dies geschehen ist. Und da er davon ausgeht, dass die Kirchen »nur noch durch äußere Unterschiede« voneinander getrennt seien, ist die Union für ihn nur eine Frage des ernsten und redlichen Wollens, aber nicht mehr einer noch ausstehenden Überwindung von Lehrdifferenzen. Damit hat sich aus seiner Sicht, die auch die kirchliche war bzw. wurde, das Problem des (differierenden oder einheitlichen) Lehrbekenntnisses erledigt, bevor es sich überhaupt stellen konnte. Es wurde durch die Unionsurkunde des Monarchen für inexistent erklärt.

Um kein verzerrtes Bild entstehen zu lassen, ist allerdings darauf hinzuweisen, dass Friedrich Wilhelm III. am Schluss der Unionsurkunde betont, dass er die Ausgestaltung der einen neuen gemeinsamen Kirche

---

[8] Zitiert nach: Die Geschichte der Evangelischen Kirche der Union, Bd. I, hrsg. von Johann F. G. Goeters und Rudolf Mau, Leipzig 1992, 91.

[9] Mit diesem eingefügten Wort nehme ich die Aussage auf, dass der Vereinigung der beiden Kirchen »kein in der Natur der Sache liegendes Hinderniß *mehr*« (Hervorhebung von Wilfried Härle) entgegenstehe.

nicht selbst verfügen, sondern den Consistorien und den Synoden der Geistlichen überlassen wolle, um keinen Zwang auszuüben[10] und die Union weder durch Überredung noch durch Indifferentismus einzuführen.[11]

a)–e) Überblickt man die Auslöser und Ziele, die zu den Unionen, insbesondere zur Preußischen, geführt haben, so fällt das Übergewicht der politischen gegenüber den kirchlich-theologischen Elementen auf.[12] Ebenso fällt auf, mit welcher fraglosen Sicherheit (und mit welchem Pathos) das Unionswerk als Erfüllung des Stifterwillens Jesu Christi und als Vollendung des Ansatzes der Reformatoren in Anspruch genommen wird. Weiter fällt auf, dass in den Texten fast alle Hinweise auf frühere – gescheiterte – Verständigungs- und Einigungsversuche fehlen. Und infolgedessen fehlen auch alle Hinweise auf die zwischenzeitlich eingetretenen Veränderungen, auf (wie?) gewonnene neue Verständnisse und Vertiefungen früherer Lehrpositionen, die nun (am Beginn des 19. Jahrhunderts) möglich machen, was über Jahrhunderte hin nicht möglich gewesen war und nicht gelang.

Liest man die Unionsdokumente, so scheint es lediglich der ehemalige – Gott sei Dank nun überwundene – »unglückliche Sekten-Geist« gewesen zu sein, wie Friedrich Wilhelm III. das nennt, der in früheren Zeiten die Einigung und Vereinigung der evangelischen Kirchen verhinderte. Aber wenn das durch die Architekten der Union so gesehen wird, wo und wie kommen dann in diesem Bild eigentlich die Reformatoren zu stehen? Auf der Seite des Sekten-Geistes und/oder des mangelnden Willens zur Einigung? Und in welchem Verhältnis steht dann die Union zu den Reformatoren? Das alles bleibt offen und unklar. Und das empfinde ich als einen schweren Mangel und als eine Schwäche der Unionen des 19. Jahrhunderts.

---

10 Was es damit dann in der Folgezeit tatsächlich auf sich hatte, ist dem in diesem Band veröffentlichten Artikel von Dorothea Wendebourg (in diesem Band S. 11–32, bes. S. 27–31) zu entnehmen.

11 So in der preußischen Unionsurkunde (s. Fn. 8), S. 91 f.

12 Daran ändert sich meiner Wahrnehmung nach auch dann nichts, wenn man die Schriften Schleiermachers zur Unionsthematik und seine »Glaubenslehre« als eine der ersten »unierten« Dogmatiken mit in den Blick nimmt. Schon die Tatsache, dass Schleiermachers Glaubenslehre erst fünf Jahre nach der preußischen Union erschien, erlaubt es nicht, diese als theologisches Begründungsdokument für die Union in Anspruch zu nehmen.

2.2 Das Ergebnis der Union

Das Hauptergebnis der Union(en) ist natürlich die *Entstehung großer unierter Territorial- bzw. Landeskirchen.* Das ist aber eine viel zu undifferenzierte Aussage; denn sie bringt nicht zur Geltung, dass die Unionen sehr unterschiedliche Formen haben und - auch deshalb - zu sehr unterschiedlichen kirchlichen Ausprägungen geführt haben. Dabei steht der Unterschied zwischen *Konsensunionen* und *föderativen Verwaltungsunionen*[13] im Vordergrund des allgemeinen kirchlichen und theologischen Bewusstseins.

- Ist die jeweilige Union zustande gebracht worden durch die Formulierung eines neuen, für alle Gemeinden und Glieder der unierten Kirchen gemeinsamen Bekenntnisses, also durch ein neu formuliertes *Unionsbekenntnis* (wie das in der Pfalz und in Baden der Fall war), oder
- Ist die Union zustande gekommen durch das *Nebeneinanderstellen* der bis dato gültigen lutherischen und reformierten Bekenntnisse,[14] die für die einzelnen Gemeinden, für die zu ordinierenden Pfarrer, aber auch als Grundlage für die gottesdienstlichen Agenden, als Katechismen für den Konfirmandenunterricht und damit letztlich für die einzelnen Glieder der Kirche zur Wahl stehen?

Dort, wo dieser letztere Typ von Union realisiert wurde, wie z.B. in Preußen, im Rheinland und in Westfalen, hatte und hat dies eine neue konfessionelle Mischung und Verhältnisbestimmung zur Folge, die in den Texten der Unionskirchen gelegentlich beschrieben wird als das Nebeneinander von unierten Gemeinden *lutherischer* Prägung, unierten Gemeinden *reformierter* Prägung und unierten Gemeinden, die das Gemeinsame beider Bekenntnistraditionen betonen und sich als »*evangelische* Gemeinden« oder einfach als »*unierte* Gemeinden« bezeichnen.[15] Die von der Evangelischen Kirche der Union gelegentlich beschworene »Doppelpoligkeit«[16] von spezifischer Bekenntnisbindung und gelebter Gemeinsamkeit führte und führt also faktisch nicht zu einer Überwindung der Zweiheit von lutherischen und reformierten Kirchen oder Gemeinden, sondern zur *Vergrößerung* der Vielfalt - von zwei

---

13 Siehe Friederike Nüssel, Art. Unionen, kirchliche, in: RGG, Bd. 8, 2005^4, Sp. 750.

14 Deshalb wurden und werden diese Unionen häufig als »Buchbinderunionen« bezeichnet.

15 Siehe dazu: Erklärung zur theologischen Grundbestimmung der Evangelischen Kirche der Union mit Beschluß der Synoden 1991, in: ... den großen Zwecken des Christenthums gemäß. Die Evangelische Kirche der Union 1817–1992, hrsg. von der Kirchenkanzlei der EKU; bearbeitet von Wilhelm Hüffmeier, Bielefeld 1992, 40–44.

16 A.a.O., 41.

auf drei – bei gleichzeitiger *Reduzierung*, der zwischen ihnen bestehenden Hürden, Schwellen und Grenzen. Beides muss man sagen, um der durch die Union herbeigeführten Situation gerecht zu werden.

Noch deutlicher wurde der vervielfältigende Effekt freilich in den unierten Kirchen, bei denen sich durch *kirchlichen Widerstand* (genannt: Separation oder Renitenz) konfessionell-lutherische und/oder konfessionell-reformierte Gemeinden oder Kirchen bildeten, die sich von der neu zustande gekommenen Unionskirche abspalteten und eine eigenständige Kirche bildeten (Bsp. Die altpreußische Renitenz, die Lutherische Freikirche in Baden oder die Selbständige Evangelisch-Lutherische Kirche [SELK]).[17] Nur wenn man diese Phänomene ihrer relativ geringen Zahlen wegen für unerheblich erklärt und behandelt, kann man vernachlässigen, dass die Unionen (auch) in dieser Hinsicht, also nicht nur nach *innen*, sondern auch nach *außen* vervielfältigend (und nicht vereinheitlichend) gewirkt haben und dies noch immer tun. Plakativ formuliert, heißt das: Durch die Unionen des frühen 19. Jahrhunderts sind *nicht weniger*, sondern *mehr* evangelische Kirchen entstanden, als es vorher gab.

Aber gab (und gibt) es dazu eine theologisch und kirchlich verantwortbare Alternative? Dem will ich mich nun im dritten Abschnitt meines Vortrags zuwenden, wo es um die systematisch-theologische Beurteilung der Union geht.

3 Systematisch-theologische Beurteilung der Union

3.1 Union oder Konkordie?

Gab und gibt es eine verantwortbare Alternative zur Union? Nach Alternativen sucht und fragt in der Regel nur, wer das Gegebene für *nicht optimal* hält. Aber wenn es keine Alternativen gibt oder diese mit noch größeren Problemen behaftet sind, dann muss man wohl beim Gegebenen als dem *relativ Besten* bleiben. Nun gibt es diese Alternative jedenfalls heute nicht nur als (Denk-)Möglichkeit, sondern bereits als *Realität*, die trotz ihrer lutherischen Herkunft den unierten Kirchen auch besonders nahesteht und sich trotzdem in einer bestimmten, entscheidenden Hinsicht von ihrem Ansatz grundsätzlich unterscheidet und ihm theologisch und kirchlich *überlegen* ist. Diese Alternative trägt den allseits bekannten Namen »Konkordie«, genauer: »Leuenberger Konkordie«. Sie erreicht, und das ist meine *Hauptthese*, auf theologisch und

---

[17] Siehe dazu die Arbeit von Frank M. Brunn, Union oder Separation? Eine Untersuchung über die historischen, ekklesiologischen und rechtlichen Aspekte der lutherischen Separation in Baden in der Mitte des 19. Jahrhunderts, Karlsruhe 2006.

kirchlich unproblematische Weise das, was man als *legitime* und theologisch *berechtigte* Zielsetzung der »Union« bezeichnen kann.

Ich spreche nicht einfach von *der Zielsetzung* der Union, sondern von der *legitimen und theologisch berechtigten* Zielsetzung der Union, und das ist m. E. zweierlei. Die Union(en) des frühen 19. Jahrhunderts wollen die *Vereinigung* der beiden evangelischen Konfessionskirchen mit organisatorisch-rechtlichen Mitteln, aber auch mit theologischen Argumentationen und Dokumenten erreichen. Dahinter steht der Wille, die Kräfte der beiden Konfessionskirchen nicht durch Zersplitterung oder gar durch Auseinandersetzungen und Streitigkeiten zu beeinträchtigen, sondern zusammenzuführen.[18]

Damit verbindet sich immer auch der Schmerz über die Trennung der lutherischen und reformierten Christen am Tisch des Herrn. Aber um diese Trennung zu überwinden, bedarf es keiner Vereinigung der Kirchen, also *keiner Union*(en), sondern dazu bedarf es »nur« der Erklärung und Praktizierung von umfassender *Kirchengemeinschaft*. Die Überwindung der Trennung am Tisch des Herrn ist ein *gravierendes geistliches* Anliegen, das im Sinne von CA VII genau von dem ausgeht, was »zu wahrer Einigkeit der christlichen Kirchen« (»ad veram unitatem ecclesiae«) notwendig, aber auch »genug« (»satis«) ist.[19] Es ist das große kirchen- und theologiegeschichtliche Verdienst von Wenzel Lohff als dem ehemaligen Vorsitzenden des Theologischen Ausschusses der Vereinigten Evangelisch-Lutherischen Kirche Deutschlands (VELKD), diese Einsicht aus der Confessio Augustana für die Erklärung und Praktizierung von Kirchengemeinschaft zwischen den aus der Reformation hervorgegangenen Kirchen Europas in Form der Leuenberger Konkordie fruchtbar gemacht zu haben. Dass es reformatorische Kirchen gibt, die dieser Konkordie (bislang noch) nicht beitreten (können), ist richtig, aber die Türe für einen solchen Beitritt und damit der Eintritt in die Kirchengemeinschaft der aus der Reformation hervorgegangenen Kirchen bleibt auch für sie offen.

Wenn ich sagte, die Leuenberger Konkordie stehe den unierten Kirchen besonders nahe, so beziehe ich mich damit vor allem auf die Texte, in denen die Evangelische Kirche der Union (EKU) ihr theologisches Selbstverständnis expliziert hat und sich dabei immer wieder zustimmend auf die Leuenberger Konkordie beruft. Damit meine ich aber in einem tieferen Sinn auch, dass die Leuenberger Unterscheidung zwischen »dem gemeinsamen Verständnis des

---

18 Dieses Motiv stand und steht auch hinter den kirchlichen *Fusionen* der zurückliegenden Jahrzehnte in Deutschland und konnte auch zumindest partiell, nämlich vor allem in *finanzieller* Hinsicht verwirklicht werden.

19 Siehe dazu BSLK 61, 6–8.

Evangeliums«[20], das die Grundlage für die Erklärung und Praktizierung von Kirchengemeinschaft bildet, und den damals und heute bestehenden Differenzen in der kirchlichen Lehre, genau das theologisch präzise formuliert,[21] was die Unionen des 19. Jahrhunderts intendieren, meinen und suchen, aber von ihrem an der »Vereinigung bzw. Union als rechtlich-organisatorischer Vereinigung« orientierten Ansatz her und mit Hilfe ihrer Terminologie nicht genau genug erfassen (konnten).

Was ist gegen eine rechtlich-organisatorische Union, also gegen eine Vereinigung oder Fusion von Kirchen einzuwenden? Nichts, wenn hinreichende Gründe und Voraussetzungen für sie bestehen! *Aber* sie ist keine Bedingung für die Erklärung und Praktizierung von Kirchengemeinschaft und darf auch nicht dazu gemacht werden. Und auf die kommt es an. Fusionen oder Unionen von Kirchen können aus organisatorischen oder finanziellen Gründen in bestimmten Regionen und/oder zu bestimmten Zeiten »das Gebot der Stunde« sein, wobei sie in der Regel Reaktionen auf *Rückgänge* an Mitgliederzahlen und/oder Finanzen darstellen. Das haben wir in den zurückliegenden Jahrzehnten mehrfach erlebt (z.B. bei der Evangelisch-methodistischen Kirche [EmK, gebildet aus der Methodistenkirche und der Evangelischen Gemeinschaft], bei der Evangelischen Kirche in Mitteldeutschland [EKM, gebildet aus der Kirchenprovinz Sachsen und der Evangelisch-Lutherischen Kirche in Thüringen] und bei der Nordkirche [NK, gebildet aus den lutherischen Kirchen in Nordelbien und Mecklenburg sowie aus der unierten Kirche Pommerns]). Solche Unionen sind auch zwischen bekenntnisverschiedenen Kirchen möglich, wie einige dieser Beispiele zeigen. Aber Fusionen und Unionen sind *nicht* möglich ohne erklärte und praktizierte Kirchengemeinschaft. Das ist der entscheidende Punkt, und von ihm her gehört »das Pferd aufgezäumt«.

3.2 Union als richtige Antwort auf eine falsch gestellte Frage

Insgesamt habe ich den Eindruck, dass die Unionen vom Beginn des 19. Jahrhunderts nicht diesem theologischen (ekklesiologischen, kirchentheoretischen und kirchenpraktischen) Denk- und Handlungsweg folgen, sondern dem genau entgegengesetzten. Sie reagieren auf den *politischen* Willen zur

---

20 LK I,1 und II.

21 Um die präzise Herausarbeitung dieser Differenz und ihrer Bedeutung für eine »realistische Ökumene« hat sich in den hinter uns liegenden 25 Jahren insbesondere Eilert Herms erfolgreich bemüht. Siehe dazu seine Aufsatzbände: Von der Glaubenseinheit zur Kirchengemeinschaft, Bd. I und II, Marburg 1989 und 2003.

organisatorischen Vereinheitlichung der Kirchen im Interesse dynastischer Vorgaben und Zielsetzungen der jeweiligen regierenden Häuser, indem sie sich deren Willen zu eigen machen oder sich ihm beugen, ohne dafür hinreichend gute *theologische* Gründe zu suchen oder zu haben. Nimmt man die politischen Vorgaben in dieser Form als *legitime* Anforderungen an die Kirchen entgegen und versucht, ihnen gerecht zu werden, hat man sich bereits auf einen Weg begeben, der nicht zur Erklärung und Herstellung von Kirchengemeinschaft durch eine Konkordie führt, sondern zur Union oder Fusion von Kirchen im Sinne der Herstellung organisatorischer Einheit(en).

Das eigentliche theologische Problem der Unionen liegt nicht erst in der *Art und Weise, wie* die Kirchen auf den ihnen vorgegebenen Willen zur *politischen* Einheit reagierten. Da waren die Unionen – in der einen oder anderen Form – vermutlich alternativlos. Das eigentliche theologische Problem der Unionen liegt schon darin, *dass* die Kirchen sich diesem ihnen vorgegebenen politischen Willen zur Einheit beugten. Man kann daher sagen, dass die Unionen zu Beginn des 19. Jahrhunderts *richtige* (nämlich wahrscheinlich alternativlose) *Antworten auf falsch* (nämlich unsachgemäß) *gestellte Fragen* an die Kirchen waren. Das ist ihr »Geburtsfehler«.

3.3 Konkordienelemente in der Union

In der von mir bereits zitierten »Erklärung zur theologischen Grundbestimmung der EKU« von 1991[22] habe ich an mehreren Stellen zu meiner großen Freude den Gedanken gefunden, dass Differenzen in den Bekenntnissen nicht nur ein Minus an Gemeinsamkeit sind, sondern auch eine Bereicherung und eine Anregung zum vertieften Nachdenken und – wie ich hinzufügen möchte – zum konstruktiven Umgang mit Konflikten oder auch in den Kirchen, sein können.

Formeln wie »Organische Union«, »Versöhnte Vielfalt« oder »Konziliare Gemeinschaft«[23] machen diesen Sachverhalt jedoch nicht klarer, sondern verdunkeln ihn eher. Die Rede von der *vollen* – in der gottesdienstlichen Abendmahlsfeier verankerten – *Kirchengemeinschaft* bringt hingegen *auf reformatorisch angemessene Weise* das zum Ausdruck, wonach wir suchen, was

---

22 S. Anm. 15.

23 Sie werden alle zitiert in der »Erklärung« (s. Anm. 15), 44. Zur Beurteilung dieser Formeln siehe Wilfried Härle, Ermutigende Enttäuschungen – Beobachtungen und Überlegungen zum Stand der ökumenischen Beziehungen, in: ders., Christlicher Glaube in unserer Lebenswelt. Studien zur Ekklesiologie und Ethik, Leipzig 2007, 138–155.

wir pflegen und wofür wir eintreten sollen – übrigens auch gegenüber der römisch-katholischen Kirche.[24]

Nun kann es gar keine Frage sein, dass innerhalb der unierten Kirchen und zwischen ihnen und den anderen aus der Reformation hervorgegangenen Kirchen solche volle Kirchengemeinschaft bereits besteht. Was also ist im Blick auf das bevorstehende Doppeljubiläum von 200 Jahren Union und 500 Jahren Reformation zu tun oder zu raten?

Wenn ich da etwas zu sagen hätte, würde ich empfehlen, dem *Anliegen* der Union dadurch deutlicheren *theologischen* Gehalt zu geben, dass die unierten Kirchen zeigen, *dass die Leuenberger Konkordie die Union besser verstanden hat als die Union sich selbst.* Das meine ich nicht als Interpretationstrick oder gar als Mogelpackung, sondern als ehrliche und freudige Entdeckung. Und dass die unierten Kirchen damit zugleich der *hermeneutischen* Zielsetzung des Mannes gerecht werden, der als der *theologische* Vater der Preußischen Union in Berlin gilt – ich meine natürlich Friedrich Schleiermacher –, das sollte der hiesigen unierten Kirche diesen Zugang eigentlich erleichtern.

Bei meiner Vorbereitung ist mir immer mehr bewusst geworden, dass ich das zu bearbeitende Problem unter der Überschrift »Union und Bekenntnis« nicht gut erfassen kann. Das, worum es m.E. geht, lässt sich besser ausdrücken mit der Alternative: »Union auf der Grundlage der Leuenberger Konkordie oder ohne sie«. Von Letzterem verspreche ich mir wenig Gutes. Aber *mit* der Leuenberger Konkordie hat (oder bekommt?) die Union ein solides theologisches Fundament. Und damit *wird sie zu einer richtigen Antwort auf eine richtig gestellte Frage.*

---

[24] Ich habe jedoch die Vermutung, dass auch die römisch-katholische Kirche in ökumeni(sti)scher Hinsicht diesem bzw. einem solchen Unionsmodell verpflichtet ist und sich darum so schwertut, Schritte zur Kirchengemeinschaft mit Kirchen zu tun, die nicht mit ihr uniert sind.

Abfall vom lutherischen Bekenntnis?

Der kritische Blick von außen auf die Union

Werner Klän

1 Vorspruch aus dem 16. Jahrhundert

»Ich glaube, dass es ein heiliges Häuflein gibt und eine Gemeinde auf Erde aus lauter Heiligen unter einem Haupt, Christus, durch den Heiligen Geist zusammen berufen, in einem Glauben, Sinn und Verstand, mit mancherlei Gaben, doch einträchtig in der Liebe, ohne Gruppenbildungen und Spaltungen. Dazu gehöre auch ich.«[1,2] So bekennt sich Martin Luther im Großen Katechismus zur Einheit der Christenheit und nimmt damit zugleich für sich die Zugehörigkeit zur Una Sancta in Anspruch.

»Von dem einhelligen Urteil so vieler Völker abzuweichen und als Schismatiker bezeichnet zu werden, ist schwer. Aber die göttliche Autorität befiehlt allen, nicht Genossen und Beschützer der Gottlosigkeit und der ungerechten Grausamkeit zu sein.«[3] So beklagt Melanchthon die einsamen Wege, die im Kampf um die Reinheit der Lehre, Verkündigung und Praxis zur Trennung der Lutheraner von der Papstkirche führten.

Und die Verfasser der Konkordienformel bekräftigen ihre Unterschrift mit der Versicherung,

---

1 Vereinigte Evangelisch-Lutherische Kirche Deutschlands (Hrsg.), Unser Glaube. Die Bekenntnisschriften der evangelisch-lutherischen Kirche, Gütersloh 2103^{6}, 586.

2 »Ich gläube, dass da sei ein heiliges Häuflein und Gemeine auf Erden eiteler Heiligen unter einem Häupt, Christus, durch den heiligen Geist zusammenberufen, in einem Glauben, Sinne und Verstand, mit mancherlei Gaben, doch einträchtig in der Liebe, ohn Rotten und Spaltung. Derselbigen bin auch ich ein Stück und Gelied« (BSLK 657).

3 Vereinigte Evangelisch-Lutherische Kirche Deutschlands, Unser Glaube (s. Anm. 1), 446: »Dissidere a consensu tot gentium et dici schismaticos grave est. Sed autoritas divina mandat omnibus, ne sint socii et propugnatores impietatis et injustae saevitiae.«/»Schwer ist es, daß man von soviel Landen und Leuten sich trennen und ein sondere Lehr fuhren will. Aber hie steht Gottes Befelch, dass idermann sich soll hueten und nicht mit denen einhellig sein, so unrechte Lehr fuern oder mit Wuterei gedenken zu erhalten« (Tract 42, BSLK 485).

»vor dem Angesicht Gottes und der ganzen Christenheit, bei den jetzt Lebenden und denen, die nach uns kommen werden, bezeugt haben, dass diese jetzt gemachte Erklärung von allen oben verhandelten und erklärten strittigen Artikeln, und nichts anderes, unser Glauben, unsere Lehre und unser Bekenntnis sei, in dem wir auch durch die Gnade Gottes mit unerschrockenem Herzen vor dem Richterstuhl Jesu Christi erscheinen wollen und deshalb Rechenschaft geben. Dagegen wollen wir auch nichts heimlich noch öffentlich reden oder schreiben, sondern durch die Gnade Gottes dabei bleiben [...].«[4]

Der Ernst des Bekenntnisses, das in seiner Gründung auf das unverbrüchliche Wort Gottes in unauflöslicher Zuordnung persönlich, theologisch, kirchlich identitätssichernd wirkt, ergibt sich aus seiner eschatologischen Perspektive. Im Spannungsfeld der tiefgegründeten Überzeugung von der in Christus vorgegebenen Einheit der Christenheit, notwendiger – wenngleich schmerzlicher – Trennungen um der Reinheit von kirchlicher Verkündigung und kirchlichen Lebensvollzügen und endzeitlich verantwortetem Eintreten für die unaufgebbaren biblischen Einsichten bildet sich lutherische Identität als persönliche Gewissheit des Heils in Christus, bewährt sich lutherische Identität als gemeinschaftliche, d. h. kirchlich-verbindliche Aussage und wird sie bewahrt (und bewehrt) als gewissensbindende Überzeugung in letzter Verantwortlichkeit. Dieser Ansatz umfasst allerdings auch eine ökumenische Dimension. Gerade konfessionelle Lutheraner verstehen sich als evangelisch, katholisch und orthodox im besten Sinne des Wortes zugleich und bekennen sich zu der Einen Kirche, die ewig bleiben soll.[5]

---

4 Vereinigte Evangelisch-Lutherische Kirche Deutschlands, Unser Glaube (s. Anm. 1), 917: »[...] vor dem Angesichte Gottes und der ganzen Christenheit bei den Itztlebenden und so nach uns kommen werden, bezeugt haben [zu] wollen, dass diese itztgetane Erklärung (FC-SD) von allen vorgesetzten und streitigen Artikeln, und kein anders, unser Lehr, Glaub und Bekenntnis sei, in welcher wir auch durch die Gnade Gottes mit unerschrockenem Herzen vor dem Richterstuhl Christi erscheinen und deshalb Rechenschaft geben, darwider auch nichts heimlich noch öffentlich reden oder schreiben wöllen, sunder vermittelst der Gnaden Gottes darbei gedenken zu bleiben« (FC-SD, Schluss, BSLK 1099 f.).

5 »Es wird auch gelehrt, dass alle Zeit eine heilige, christliche Kirche sein und bleiben muss« (Vereinigte Evangelisch-Lutherische Kirche Deutschlands, Unser Glaube [s. Anm 1], 50; BSLK 61).

2 Die »altlutherischen« Grundsätze im 19. Jahrhundert[6]

Der Widerstand gegen die Einführung der königlich verordneten Agende und späterhin der Union in Preußen, der von Johann Gottfried Scheibel in Breslau ausging, war begründet in der Sicht eines unauflöslichen Zusammenhangs von Gottesdienst, Bekenntnis und Kirche. Die Kirche muss, und zwar nicht bloß auf der Ebene der Ortsgemeinde, das Recht haben und behalten, die Grundsätze ihres Bekenntnisses in ihrem Gottesdienst unverkürzt zum Ausdruck zu bringen. Wird sie daran gehindert, ist sie schon in ihrem Bekenntnis beeinträchtigt. Wird sie gar zur Annahme von (gottesdienstlichen) Ordnungen gezwungen, die ihrem Bekenntnis widersprechen, dann ist ihr Bestehen als bekenntnisgebundene ekklesiale Größe bedroht, wenn nicht beendet. Eingriffe des reformierten Königs in die inneren Angelegenheiten der lutherischen Kirche seien grundsätzlich unstatthaft, theologisch wie rechtlich. Da aber bestimmt wurde, dass es mit der Einführung der Union »keine Unterschiede in der Abendmahlhandlung zwischen der lutherischen und der reformierten Kirche« gebe, sahen die dissentierenden Lutheraner, zunächst in Schlesien, in der neuen Kirchenbildung die uneingeschränkte Geltung des lutherischen Bekenntnisses nicht länger gegeben.

Unter den »Wünsche[n] der lutherischen Gemeinde Breslau vom April 1831« stand darum obenan: »1. Selbstständige, von der unirten Kirche in Preußen getrennte Kirche nach dem göttlichen Wort und unsern darauf gegründeten Lutherischen Bekenntnißschriften.«[7] Das ekklesiale Selbstverständnis, das sich in diesem Wunsch ausspricht, ist durch drei Elemente gekennzeichnet. Das eine ist die reformatorisch-evangelische Orientierung am »göttlichen Wort« der Heiligen Schrift; die zweite die lutherisch-konfessionelle Orientierung an den »Lutherischen Bekenntnißschriften« als schriftgemäßer Auslegung der Schrift; die dritte die kirchlich-organisatorische Eigenstän-

---

[6] Vgl. zum Folgenden Werner Klän, Bekenntnis und Sakramentsgemeinschaft – Anfragen an die Tragfähigkeit des Modells der »Leuenberger Konkordie« aus konkordienlutherischer Sicht, in: ders./Gilberto da Silva (Hrsg.), Die Leuenberger Konkordie im innerlutherischen Streit. Internationale Perspektiven aus drei Konfessionen, OUH.E 9, Göttingen 2012, 74–90.

[7] Wünsche der lutherischen Gemeinde Breslau vom April 1831 (eingereicht am 2.5.1831), in: Werner Klän/Gilberto da Silva (Hrsg.), Quellen zur Geschichte selbständiger evangelisch-lutherischer Kirchen in Deutschland. Dokumente aus dem Bereich konkordienlutherischer Kirchen, OUH.E 6, Göttingen 2010², 55.

digkeit im Gegenüber zur unierten Staatskirche. Im Gegenüber zur Union, die in sachgerechter Analyse der kirchenpolitischen Präferenzen des Berliner Hofs in der Herstellung einer agendarisch-gottesdienstlich gestalteten Einheit gesehen wird[8], behaupten die Breslauer Lutheraner, dass die lutherische Abendmahlslehre »in ihrer eigenthümlichen Selbstständigkeit, in ihrer Herrlichkeit und Kraft [...] entschieden hervortreten und den ganzen Gottesdienst durchdringen und beleben« müsse.[9] Hier meint »Selbstständigkeit« die liturgisch implementierte Authentizität lutherischer Abendmahlslehre, handelte es sich doch »um den Kernbereich kirchlichen Lebens, um Gottesdienst und Kirchenverfassung«[10]. Dass solche Auffassung eine unzeitgemäße sei, ist den Verfassern der Bittschrift wohl bewusst.[11]

In dieser frühen Phase der lutherischen Opposition in Schlesien gegen die Einführung der preußischen Union ist das ekklesiologische Bewusstsein noch stark gemeindezentriert. Erst im Zuge der weiteren Entwicklung, als sich die »altlutherische« Bewegung ausbreitete und nach Scheibels erzwungenem Fortgang aus Preußen, traten andere Gesichtspunkte zur Bestimmung des kirchlichen Selbstverständnisses hinzu. So stellte Georg Philipp Eduard Huschke als tatsächlicher Leiter der lutherischen Bewegung in Schlesien bereits im Jahr 1832 fest: »Eine Kirche besteht nicht bloß in dem [sic] Geistlichen desselben Bekenntnisses, sondern auch darin, daß sie sich selbst

---

[8] Jürgen Kampmann, Die Einführung der Berliner Agende in Westfalen, BWFKG 8, Bielefeld 1991, 109–120; Kampmann konstatiert freilich für Westfalen ein »Scheitern der Einheit im Abendmahlsritus«, ebd., 153f.; zum Unionsaufruf von 1817 vgl. Wilhelm Heinrich Neuser, Die Entstehung des preußischen Unionsaufrufs vom 27. September 1817, in: Jürgen Kampmann (Hrsg.), Preußische Union: Ursprünge, Wirkung und Ausgang. Einblicke in vier Jahrhunderte evangelischer Kirchen- und Konfessionsgeschichte, UnCo 27, Bielefeld 2011, 45–78; auch er stellt, zumindest für das Jahr 1817 fest: »Die Einheit in der Lehre ist also nicht erreicht, wie klein oder groß die Kluft auch sein mag.« Ebd., 77.

[9] Diese Sicht stand in klarem Gegensatz zu den lutheranisierenden Anschauungen des Königs, vgl. Kampmann, Einführung (s. Anm. 8), 352–357.

[10] Kampmann, Einführung (s. Anm. 8) 456; der König wünschte vielmehr die »Einheitlichkeit der Feier des Hauptgottesdienstes«, ging es ihm doch um »eine liturgische Vereinigung der beiden bisherigen protestantischen Konfessionen«; so Jürgen Kampmann, Die Alternativen in den unierten preußischen Agenden: Vom Unionsaufruf 1817 bis zum Vorentwurf der Erneuerten Agende 1990, in: Jörg Neijenhuis/Wolfgang Ratzmann (Hrsg.), Der Gottesdienst zwischen Abbildern und Leitbildern. Beiträge zu Liturgie und Spiritualität, Leipzig 2000, 94–113, hier 95.

[11] Erste Bittschrift der lutherischen Gemeinde Breslau vom 27.06.1830, in: Klän/da Silva, Quellen (s. Anm. 7), 37–41, hier 39.

regiert.«[12] Hier äußert sich ein ekklesiales Verständnis, das nicht mehr nur orts- und personalgemeindlich orientiert ist. Vielmehr wird hier die Option auf eine staatsfreie kirchliche Selbstverwaltung in konfessionsbestimmter Absicht nach innen und außen reklamiert. Huschke war sich dabei dessen bewusst, dass er mit dieser Position durchaus ein geschichtliches Novum forderte.[13] Selbstständigkeit der Kirche bedeutete für seine Zeit zugleich Freiheit von »Menschenherrschaft«, also Staatsfreiheit.

Im Zusammenhang des kirchen- und theologiepolitischen Settings vor 1850 gewinnt die »altlutherische« Kirchenbildung damit ein besonderes Profil, und zwar über das (neo-)konfessionelle Anliegen hinaus. Dies freilich ist grundlegend für das Kirchenverständnis der preußischen Lutheraner: Kirche in ihrer irdisch-geschichtlichen Gestalt findet sich – notwendigerweise – als konfessionsbestimmte Größe vor, und dies nicht allein aus Gründen historischer Kontinuität und rechtlicher Legitimität, sondern aus einem zutiefst fundamentaltheologischen Motiv: Die Wahrheit des Schriftzeugnisses wird wiederentdeckt in den Aussagen des lutherischen Bekenntnisses; als solche muss sie bestimmend sein für den Quellgrund christlichen Leben, den Gottesdienst, und damit für das gesamte kirchliche Leben. Denn nur auf diese Weise kommt kirchliche Authentizität, Homogenität und Identität angemessen und verbindlich zum Ausdruck.[14]

Eben dies war aus Sicht der schlesischen Lutheraner durch die prinzipielle Vereinheitlichung der gottesdienstlichen Ordnungen und der damit einhergehenden Vergleichgültigung der divergierenden Bekenntnisse auf gesamtkirchlicher Ebene nicht länger möglich. Der »Abfall vom Bekenntnis« bestand darin, dass die »neu belebte, evangelische Landeskirche« in dem lutherischen Bekenntnis für das, was in ihr bezüglich Gottesdienst, Verkündigung und Unterweisung gelten sollte, nicht länger das – nächst der Heiligen Schrift – bestimmende Leitkriterium anzusehen bereit war.

Dass späterhin auch innerhalb der unierten Landeskirche um das Recht des lutherischen Bekenntnisses gerungen wurde[15], v. a. aufseiten der »Vereins-

---

[12] Vgl. Jobst Schöne, Kirche und Kirchenregiment im Wirken und Denken Georg Philipp Eduard Huschkes, AGTL 23, Berlin/Hamburg 1969, 92.

[13] Schöne, Kirche (s. Anm. 12), 92.

[14] Dass dieses Ergebnis des schlesischen Kirchenkampfs seine Wirkungen auch auf die lutherisch Gesinnten in der preußischen Landeskirche, zumal in Schlesien nicht verfehlte, findet sich bei Astrid Nachtigall, Die Auseinandersetzungen um die Kirchen-Union in Preußen von 1845 bis 1853 und die Kabinettsorder von 1852, UnCO 23, Bielefeld 2005, 246.

[15] Es sei erwähnt, dass es durchaus auch langanhaltenden Widerstand in Kreisen der

lutheraner«, und nach Einrichtung des Evangelischen Oberkirchenrats auch gewisse Teilerfolge[16] erzielt werden konnten, ist nicht zuletzt auch auf die Etablierung der Evangelisch-Lutherischen Kirche in Preußen zurückzuführen.[17] Die »einheitliche preußische Staatskirche« war »aufgebrochen«, und »Konkurrenz um die wahre lutherische Kirche« zwischen »Vereinslutheranern« und »Altlutheranern« bestand Mitte des 19. Jahrhunderts unvermindert fort.[18]

Die (»neu«-)lutherischen Väter und Mütter im 19. Jahrhundert wollten folglich das Erbe des Konkordienluthertums aus dem 16. Jahrhundert für sich und ihre Nachkommen ungeschmälert erhalten. Nicht zufällig war der Kristallisationspunkt des konfessionellen Aufbruchs, der schließlich in die Entstehung selbstständiger evangelisch-lutherischer Kirchen führt, zunächst das Sakrament des Altars.[19] Sein biblisch-lutherisches Verständnis in kirchlicher Verbindlichkeit zu bewahren, es gegen jeden falschen Kompromiss in seiner Ausschließlichkeit zu bewehren, war das Anliegen, das die Bekenntnislutheraner auf »Einsame Wege«[20] zwang. Die Frage von Kirchengemeinschaft im Sinn von Kanzel- und Abendmahlsgemeinschaft einschließlich von Interkommunion und Interzelebration stand somit im Vordergrund der Bildung bekenntnisorientierter lutherischer Kirchen in Deutschland. Sie waren es, die die konkordienlutherischen Grundsätze des 16. Jahrhunderts neu ins Bewusstsein hoben und erneut ekklesiologisch umsetzten. So wollten sie lutherische Identität in ekklesialer Dimension gestalten, indem sie geltend

---

reformierten Kirche gab, vgl. Johann Friedrich Gerhard Goeters, Der Weg der reformierten Gemeinde Elberfeld in die Spaltung von 1847, in: Heiner Faulenbach/Wilhelm H. Neuser (Hrsg.), Beiträge zur Union und zum reformierten Bekenntnis, UnCO 25, Bielefeld 2006, 325–337. Auch hier kam es zu einem »Weg der renitenten Minderheit in die Separation«, ebd., 336 f.

16 »Der König [...] hatte 1852 die itio in partes angeordnet aus Angst vor den Altlutheranern, doch der Widerspruch der Unionsfreunde und der Jubel der Konfessionellen brachte ihn zur Union zurück.« Nachtigall, Auseinandersetzungen, 394.

17 Dies gilt besonders, aber nicht nur für Schlesien, vgl. Nachtigall, Auseinandersetzungen (s. Anm. 14), 135 f. 235–247.

18 Nachtigall, Auseinandersetzungen (s. Anm. 14), 321–323.

19 Vgl. Volker Stolle, Johann Gottfried Scheibel. Zur 200. Wiederkehr seines Geburtstages am 16.09.1983, in: LuThK 7 (1983), 81–107, bes. 83 ff.; Werner Klän, Johann Gottfried Scheibel (1783–1843), in: Peter Hauptmann (Hrsg.), Gerettete Kirche. Studien zum Anliegen des Breslauer Lutheraners Johann Gottfried Scheibel (1783–1843), KiO.M 20, Göttingen 1987, 11–29.

20 Vgl. die programmatisch betitelte Autobiografie von Rudolf Rocholl, Einsame Wege, Bd. 1, Leipzig 1881, 1898^2.

machten, dass Gemeinschaft im Gottesdienst, zumal am Altar, als Ausdruck völliger kirchlicher Gemeinschaft den Konsens im Glauben, Lehren und Bekennen unabdingbar zur Voraussetzung hat.

3 Um Kirche und Bekenntnis

Lutherische Identität ist allerdings nicht zunächst Sonderidentität, sondern erhebt den Anspruch auf Katholizität. Kirche zu erneuern, wie in der Reformation, heißt, bei der einen heiligen christlichen Kirche zu bleiben. Deswegen geht Erneuerung der Kirche in der Reformation und immer wieder einher mit dem Rückgriff auf den Ursprung und auf die Urkunde des Glaubens.[21] Deshalb ist es aber wichtig, zu einer Übereinstimmung darüber zu kommen, einen »Konsens«[22] darüber zu statuieren, was denn dieses Evangelium sei, und zwar in der Absicht, dieses Evangelium auszuteilen.[23]

Die Kirche ist jedoch keine rein spirituelle Größe, weil ihr Dasein nicht ablösbar ist vom Vollzug der sie schaffenden und kennzeichnenden Wirkmittel Gottes des Heiligen Geistes, Wort und Sakrament: Ihr wahres Wesen ist nicht ohne leibhafte Gestalt. Erkennbar wird sie nach CA VII an schriftgemäßer Wortverkündigung und stiftungsgemäßer Sakramentsspendung. Diese dienen als Konstitutionsgrund von Glaube und Kirche-Sein und zugleich als Erkennungsmerkmal des Vorhandenseins von Kirche. Da die Kirche also durch die Predigt des Evangeliums und die Spendung der Sakramente ihr Dasein hat, ist zur Einheit der Kirche nötig, was die Kirche zur Kirche macht: Ihr Einssein hängt am Evangelium in der Gestalt schriftgemäßer Verkündigung des Wortes Gottes und stiftungsgemäßer Spendung der Sakramente.

Der Dienst an der Einheit muss immer auch Dienst an der Universalität des Glaubens und der Gemeinschaft der Gläubigen sein, aber zugleich Dienst an der Wahrheit des Evangeliums. Dabei fungiert der »consensus de doctrina

---

[21] Gunther Wenz, Theologie der Bekenntnisschriften der evangelisch-lutherischen Kirche. Eine historische und systematische Einführung in das Konkordienbuch, Bd. 1., Berlin/New York 1996, 166–192.

[22] Der Begriff im Konkordienbuch bereits in der Vorrede (BSLK 4); er wird hier diachron, v. a. in ökumenischer Absicht, wie synchron gebraucht.

[23] »Denn das ist genug zu wahrer Einigkeit der christlichen Kirche, dass einträchtig in reinem Verständnis das Evangelium gepredigt und die Sakramente dem göttlichen Wort gemäß gereicht werden« (Vereinigte Evangelisch-Lutherische Kirche Deutschlands, Unser Glaube [s. Anm. 1], 50; BSLK 61).

Evangelii« als Faktor der Bestätigung und Betätigung kirchlicher Einheit. Darum hat das »satis est« von CA VII nicht die Bedeutung eines Minimalkonsenses, sondern von Fundamentalkonsens, der als Gemeinschaft im Glauben, Lehren und Bekennen in der Einen Christenheit implementiert wird. Solcher »magnus consensus« (CA I) ist gewiss nicht das Evangelium selbst, aber als Artikulation geglaubter Gewissheit auch nicht bloß menschliche Ausdrucksform, sondern Ausdruck des Evangeliums selbst, das sich auch in menschlichen Sätzen zur Sprache bringt und damit Geltung verschafft. Solcher Konsens ist, besonders in Gestalt eines formulierten Bekenntnisses, den Gnadenmitteln dienend zugeordnet, verlangt aber nach verbindlicher und kommunikabler, d. h. fassbarer, überprüfbarer Sprachgestalt. So ist das Bekenntnis als vorgängiger Konsens[24] in Geltung, wenn und weil es seine Selbstunterscheidung von Wort und Sakramenten als den Faktoren des Kirche-Seins und kirchlicher Einheit leistet, ohne zu unterschlagen, dass es zugleich von diesen Faktoren selbst bestimmt ist und auf sie zurückverweist. In diesem Sinn sind die Aussagen über den zur Einheit der Kirche erforderlichen Konsens »stets reflexiv zu nehmen, nämlich als Ausdruck ihres konfessorischen Eigenverständnisses und als selbstbezügliche Bestimmung ihres Bekenntnisanspruchs«.[25]

Dabei tritt das Bekenntnis als Konsens durchaus nicht gleichrangig neben Wort und Sakramente, als wäre es selbst ein Konstitutivum der Kirche; vielmehr bleibt das Bekenntnis eben diesen auf explikative und (abgeleitet-) normative Weise dienend zugeordnet. In diesem Sinn fungiert das Bekenntnis freilich auch als orientierende und integrierende Instanz, wie immer die dementsprechende Lehrautorität in der Kirche strukturell geordnet werden mag.[26] Dass im Horizont lutherisch-reformatorischer Theologie und Kirche das Evangelium als inhaltliches Erst- und Letztkriterium für alle Verkündigung der Kirche und seine sonstigen Applikationsgestalten in der Kirche und damit auch für alle Lehrautorität fungiert, ist damit zugleich gesetzt, ist es doch wesentlich »Lehre vom Glauben an Christum« (CA XV).[27]

---

[24] Der Ausdruck bei Reiner Preul, Was bedeutet die kirchentheoretische These: Kirche wird durch die Auslegung ihrer Lehre geleitet?, in: Klaus Grünwaldt/Udo Hahn (Hrsg.), Profil – Bekenntnis – Identität. Was lutherische Kirchen prägt, Hannover 2003, 79.

[25] Gunther Wenz, Theologie der Bekenntnisschriften der evangelisch-lutherischen Kirche, Bd. 2, Berlin/New York 1998, 148.

[26] Harding Meyer/Heinz Schütte (Hrsg.), Confessio Augustana – Bekenntnis des einen Glaubens. Gemeinsame Untersuchung lutherischer und katholischer Theologen, Paderborn/Frankfurt am Main 1980, 194.

[27] Meyer/Schütte, Confessio Augustana (s. Anm. 26), 195.

Evangelium und Sakramente als Faktoren und Indikatoren des Kirche-Seins der Kirche und ihrer Einheit sind nun aber nicht inhaltlich beliebige, sondern in ihrem Gehalt klar bestimmte und bestimmbare Größen und als solche auch konsensfähig formulierbar.[28] Auf diesem Hintergrund sind dann auch Lehrentscheide möglich, ja geboten – und werden in den Lehrverurteilungen schon der Confessio Augustana (und der übrigen Bekenntnisschriften) auch vollzogen. Denn Einheit der Kirche ist fundamental und prinzipiell nur als Einheit in der Wahrheit zu fassen, »im Bekenntnis des einen christlichen Glaubens«; demensprechend ist vorausgesetzt, dass es eindeutige, plausible, nachvollziehbare Kriterien für wahre und falsche Lehre gibt[29] – nämlich die aus der heiligen Schrift erhebbare Wahrheit des Glaubens, Lehrens und Bekennens, und damit auch für wahre und falsche Kirche – folgt man jedenfalls den Überzeugungen der lutherischen Bekenntnisse des 16. Jahrhunderts (übrigens auch den Grundannahmen ihrer Gegner!).

4 Schlussbemerkung

Die Gestaltung kirchlicher Einheit hat dem Maßstab des Evangeliums zu entsprechen, wie es im Konsens kirchlich verbindlicher Lehre zum Ausdruck kommt. Die Feststellung der Einmütigkeit im Glauben, Lehren und Bekennen ist unabdingbare Voraussetzung für die Bestätigung und Betätigung von Kirchengemeinschaft im Sinn von Interkommunion und Interzelebration. Dies jedenfalls war die Gewissheit, der die Mütter und Väter der selbstständigen evangelisch-lutherischen Kirchen im 19. Jahrhundert anhingen. Eben diese Einmütigkeit im Glauben, Lehren und Bekennen vermochten sie aber gerade bei der nicht zuletzt unter massivem staatlichen Druck zustande gekommenen »neu belebten, evangelischen Kirche« in den preußischen Landen gerade nicht zu erkennen.

Wir in der Selbständigen Evangelisch-Lutherischen Kirche (SELK) sind davon überzeugt, dass die unterschiedliche Konfessionsbestimmtheit verschiedener realhistorisch vorfindlicher Kirchen nach wie vor die Gestaltung verbindlicher kirchlicher Einheit hindert, zumal im Vollzug eucharistischer Gemeinschaft. Wir halten an der Grundüberzeugung fest, dass das Bekenntnis als Konsens »unentbehrliche Voraussetzung verantwortlicher Erfüllung

---

[28] Holsten Fagerberg, Die Theologie der lutherischen Bekenntnisschriften von 1529 bis 1537, Göttingen 1965, 286.

[29] Ulrich Kühn, Kirche, HST 10, 208.

des kirchlichen Auftrags zur Evangeliumsverkündigung und Sakramentsverwaltung und als solche Conditio sine qua non geklärter und erklärter Kirchengemeinschaft« ist.[30] Und wir vermögen bis heute nicht zu erkennen, dass die Leuenberger Konkordie das Problem der Kirchengemeinschaft bekenntnisverschiedener Kirchen zufriedenstellend gelöst hätte. Konfessionelle Identität in kirchlicher Verbindlichkeit zu bewahren, scheint uns auf diese Weise gerade nicht möglich.[31]

Die SELK weiß sich zugleich bleibend verpflichtet zu »ökumenischer Verantwortung«. Sie verschweigt dabei einerseits nicht die noch vorhandenen kirchentrennenden Unterschiede und überspringt nicht leichtfertig die dadurch gesetzten Grenzen. Sie sucht aber mit anderen Kirchen in gründlicher theologischer Arbeit nach der Überwindung des Trennenden.[32] Diese Überzeugung fordert aber, nicht zuletzt im Blick auf die uns allen unentrinnbare Zeitgenossenschaft, dazu heraus, die Gemeinsamkeit christlichen Zeugnisses zu suchen und, wo sie denn gegeben ist, auch zu bekunden.

---

30 Wenz, Theologie der Bekenntnisschriften, 149; diese Aussage steht freilich in Spannung zu dem – leicht karikierenden – Gedanken, dass »in CA VII auch nicht anstelle einer ubiquitären Gleichförmigkeit der Zeremonien die doktrinäre Gleichförmigkeit im Sinne gleichlautender Lehrsätze zum Kriterium kirchlicher Einheit erklärt« werde; a. a. O., 311.

31 Vgl. Werner Klän, Einführung zum Symposium »Lutherische Identität in kirchlicher Verbindlichkeit«, in: ders. (Hrsg.), Lutherische Identität in kirchlicher Verbindlichkeit. Erwägungen zum Weg lutherischer Kirchen in Europa nach der Millenniumswende, OUH.E 4, Göttingen 2007, 15–28.

32 Vgl. Jürgen Kampmann/Werner Klän (Hrsg.), Preußische Union, lutherisches Bekenntnis und kirchliche Prägungen. Theologische Ortsbestimmungen im Ringen um Anspruch und Reichweite konfessioneller Bestimmtheit der Kirche, OUH.E 14, Göttingen 2013.

Abfall vom reformierten Bekenntnis?

Der kritische Blick von außen auf die Union

Georg Plasger

Nicht untypisch für eine reformierte Wahrnehmung der Union zu Anfang des 20. Jahrhunderts ist eine im Blick auf ihre Wirkungsgeschichte negative Grundhaltung. So formuliert Karl Barth 1923, dass sich die »konfessionelle Beweglichkeit des Reformiertentums [...] in der [...] rückgratlosen Willfährigkeit« gezeigt habe,

> »in der sogenannten Union auf- und unterzugehen, ein Vorgang, der der deutschen reformierten Kirche äußerlich und vielleicht doch auch innerlich mehr Abbruch getan hat, als man heute, wo man sich an ihren geringfügigen Bestand gewöhnt hat, in der Regel noch weiß. Die Reformiert-Unierten fingen nämlich sofort an, in Kultus, Lehre und Verfassung sich ruhig lutheranisieren zu lassen, während die Lutherisch-Unierten meistens und in der Hauptsache sich wohl hüteten, Gegenrecht zu halten. Das hatte insbesondere zur Folge, daß die spezifisch reformierte Theologie im Deutschland des 19. Jahrhunderts [...] auffallend zurückgeblieben ist.«[1]

Nun ist dieses harte Urteil, dass sich tendenziell gegen die Reformierten in der Union richtet, mittlerweile längst Geschichte und auch bereits fast 100 Jahre alt. Und im Blick auf den gegenwärtigen konfessionell-reformierten Bestand ekklesialer Existenz in Deutschland ist die Erkenntnis des Abbruchs reformierter Tradition wohl noch deutlich stärker spürbar – und es dürfte sogar manchen Reformierten geben, der die gegenwärtige Lage viel negativer einschätzt als die vor gut 90 Jahren und sich insgeheim vielleicht sogar in die zwanziger Jahre im Blick auf die Größen und das Selbstbewusstsein der reformierten Gemeinden in Deutschland zurücksehnt: Auch aus finanziellen Gründen sind in den letzten 15 Jahren viele reformierte mit lutherischen Gemeinden fusioniert worden – der Heidelberger Katechismus ist in weiten Tei-

---

1 Karl Barth, Theologie der reformierten Bekenntnisschriften 1923, Zürich 1998, 45.

len der ehemals reformierten Gemeinden aus dem Gemeindeleben und dem Bewusstsein der Gemeindeglieder verschwunden. Im Kirchenkreis Wuppertal der Evangelischen Kirche im Rheinland gibt es nur noch eine Gemeinde, die den Titel »Reformierte Gemeinde« trägt.[2]

Allerdings ist neben der hier beschriebenen Negativsicht auf die Union auch zu beachten, dass Karl Barth dieses Urteil nach 1934 nicht mehr in der gleichen Weise gesprochen hätte – die gemeinsame Erfahrung von Lutheranern, Unierten und Reformierten im Kirchenkampf führte ihn doch auf neue Wege des Verständnisses reformierter Kirchen und des reformierten Bekenntnisverständnisses, auch wenn das in den zwanziger Jahren bereits deutlich vorbereitet wurde.[3] Vor allem die Synode der Bekennenden Kirche in Wuppertal-Barmen 1934 ist als deutliches Dokument dieses Weges zu sehen – auffällig ist nämlich, dass die beiden deutschen reformierten Kirchen, die Evangelisch Reformierte Kirche in der Provinz Hannover und die Lippische Landeskirche, auf der Synode nicht vertreten waren, sondern den Kurs einer Kooperation mit der auch durch die Deutschen Christen besetzten Kirchenleitung der Deutschen Evangelischen Kirche gegangen sind.[4] Hingegen waren die Vertreter reformierter Gemeinden aus den Unionskirchen federführend beteiligt; die reformierte Gemeinde in Barmen-Gemarke war sogar Gastgeberin.[5] Das Urteil Barths ist also nach den Erfahrungen des Kirchenkampfes ein anderes geworden, ohne dass man alle seine Aussagen aus dem Jahre 1923 komplett negieren muss.

---

2 Es ist dies die auf Elias Eller zurückgehende und erst im 18. Jahrhundert gegründete evangelisch-reformierte Gemeinde in Wuppertal-Ronsdorf.

3 Vgl. dazu Georg Plasger, Safekeeping and Sifting: Observations on the German Reformed Tradition, 1900–1930, in: Journal of Reformed Theology 6 (2012), 143–164.

4 Vgl. dazu Helma Wever, »Wir wären ja sonst stumme Hunde gewesen ...« Zur Lage innerhalb der Evangelisch-reformierten Landeskirche der Provinz Hannover in der Zeit des Nationalsozialismus unter besonderer Berücksichtigung der Jahre 1933–1937, Wuppertal 2009; Sigrid Lekebusch, Die Reformierten im Kirchenkampf. Das Ringen des Reformierten Bundes, des Coetus reformierter Prediger und der reformierten Landeskirche Hannover um den reformierten Weg in der Reichskirche, Köln 1994.

5 Besonders ist an die Person Karl Immers zu erinnern. Vgl. Bertold Klappert/Günther van Norden (Hrsg.), Tut um Gottes Willen etwas Tapferes! Karl Immer im Kirchenkampf, Neukirchen-Vluyn 1989.

1 Das (auch reformierte) Bekenntnis ist nicht kirchengründend

Im 19. Jahrhundert gab es – anders als im konfessionellen Luthertum – nur wenige reformierte Theologen, die sich gegen die Einführung der Union aus Bekenntnisgründen zur Wehr setzten. Es gab deutliche Anfragen gegen die Einführung der Agende durch Friedrich III., etwa durch Schleiermacher, der aber dem Vorhaben der Union prinzipiell positiv gegenüberstand; seine Kritik richtete sich gegen die Einführung durch den König und ist obrigkeitskritisch zu verstehen.[6] Zu den prinzipielleren Kritikern gehörte u. a. der Wuppertaler Pfarrer Krummacher, der aber mit einigen anderen zusammen eine kleine Minderheit darstellte und schließlich auch die Agende benutzte.[7] Im Rheinland entstand nur eine neue reformierte Gemeinde, die damit aus der »Landeskirche« ausscherte: Die 1847 in Wuppertal gegründete Niederländisch-reformierte Gemeinde mit Kohlbrügge und den von der Heydts.[8] Ein Hintergrund für die im Verhältnis zum konservativen Luthertum deutlich geringere Absetzbewegung ist zum einen darin zu sehen, dass sich vor allem im Rheinland viele reformierte Gemeinden bereits auf Unionskurs befanden. Daneben ist aber auch zu betonen, dass das Bekenntnis als solches nicht die gleiche Rolle wie im Luthertum spielte – und spielt. Es gibt ja in den reformierten weltweiten Kirchen nicht das eine Bekenntnis, das alle Kirchen zusammenbindet; vielmehr existieren eine Fülle an Bekenntnisschriften, die oft nur regionale Bedeutung hatten und auch durch neue ersetzt werden konnten.[9] In Deutschland ist das wichtigste reformierte Bekenntnis der Heidelberger Katechismus – und der ist von seiner Entstehung her fast ein Unionstext.[10]

---

6 Pacificus Sincerus (= Friedrich Schleiermacher), Über das liturgische Recht evangelischer Landesfürsten. Ein theologisches Bedenken, Göttingen 1824.

7 Vgl. etwa Volkmar Wittmütz, Spielräume und Separationen. Konflikte zwischen Staat und Kirche im Preußen des Vormärz, in: Horst Lademacher u. a. (Hrsg.), Ablehnung – Duldung – Anerkennung. Toleranz in den Niederlanden und in Deutschland. Ein historischer und aktueller Vergleich, Münster 2004, 480–503; bes. 492 f.; Friedrich Wilhelm Krummacher, Eine Selbstbiographie, Berlin 1869.

8 Vgl. Klaus von Bürck/Heinrich Lüchtenborg (Hrsg.), Niederländisch-reformierte Gemeinde zu Elberfeld 1847–1997, Wuppertal 1997.

9 Vgl. kurz zum reformierten Bekenntnisverständnis Georg Plasger/Matthias Freudenberg, Reformierte Bekenntnisschriften. Eine Auswahl von den Anfängen bis zur Gegenwart, Göttingen 2005, 7–15.

10 Vgl. Michael Weinrich, Vermittlung gescheitert. Ein Rückblick auf 450 Jahre Heidelberger Katechismus, in: Evangelische Kirche in Deutschland (Hrsg.), Schatten der Refor-

Es ist auffällig, dass aus der Sicht von Adolph Zahn, zunächst Domprediger in Halle und dann in der Niederländisch-reformierten Gemeinde in Wuppertal tätig, die im Heidelberger Katechismus wenn überhaupt nur sehr indirekt erkennbare Prädestinationslehre zum Gradmesser des theologischen Verfalls der Union wurde.[11]

Allerdings war ja in den sogenannten Verfassungsunionen wie in der Preußischen Union auch das reformierte Bekenntnis gar nicht verändert worden; es gab den sogenannten Buchbinderkatechismus, in dem in einem Buch Luthers Kleiner und der Heidelberger Katechismus ihr schiedlich-friedliches Nebeneinander führten – und das war für die reformierte Theologie und Gemeinden insofern kein Problem, als Lehrgegenstände gar nicht verändert wurden. Allerdings wurden die vorhandenen dogmatischen Unterschiede aufgrund der starken Einflüsse von Aufklärung und Pietismus immer mehr nivelliert – vielfach werden die jeweiligen konfessionellen Akzente nur als Erinnerungsmomente verstanden, die die Einigkeit nicht infrage stellen konnten.

2 Die Verfassungsreform im 19. Jahrhundert – eine Anfrage an das reformierte Kirchen- und Gemeindeverständnis

Eine deutlich starke Problematisierung der Union ist im Nachhinein im Blick auf die Verfassungsreform im Bereich der Preußischen Union zu konstatieren. Die sogenannte presbyterial-synodale Kirchenordnung aus dem Jahre 1835 trägt deutlich konsistorialere Züge, als viele reformierte Gemeinden etwa am Niederrhein vorher kannten,[12] und hebelt die vorher bestehenden Rechte der Presbyterien an vielen Stellen aus.[13] Das ist im 19. Jahrhundert keine neue

mation. Der lange Weg zur Toleranz (Magazin zum Themenjahr 2013 Reformation und Toleranz), Hannover 2013, 22–24.

[11] So etwa Adolph Zahn, Die Ursachen des Niedergangs der reformierten Kirche in Deutschland, Barmen 1881.

[12] Vgl. Hellmut Zschoch, Die presbyterial-synodale Ordnung – Prinzip und Wandel, in: ders. (Hrsg.), Kirche – dem Evangelium Strukturen geben, Neukirchen-Vluyn 2009, 220–238, 235.

[13] Allerdings ist diese Deutung nicht unumstritten. Nach Ulrich Scheuner (Die Beschlüsse des Weseler Konvents in ihrer Auswirkung auf die Entwicklung der Kirchenordnung in Rheinland-Westfalen, in: Weseler Konvent 1568–1968: Eine Jubiläumsschrift, Düsseldorf 1968, 163–191, hier 176) sind dort nur »gewisse presbyterial-synodale Elemente« aufgenommen worden, wohingegen Joachim Mehlhausen in der 1835er Ordnung eine Stärkung

Tendenz. So hat es auch in reformierten Territorien erfolgreiche Versuche gegeben, die von Emden 1571, Middelburg 1581 und Herborn 1586 ausgehenden Impulse durch eine stärker von oben eingreifende landesherrlich ausgerichtete Kirchenleitung zu verändern.[14] Aus reformierter Perspektive wird man daher durchaus Fragen an diese Tendenz in den Kirchenordnungen zu stellen haben, weil das Konsistorialprinzip die Lenkungsinteressen der staatlichen Regierungen stärkt. Und wenn die Analyse von Helmut Zschoch zutrifft, dass die heutigen Kirchenbehörden in Kontinuität zu den Konsistorien und somit im Gegenüber zu den Synoden stehen, dann wird man fragen dürfen, ob tatsächlich immer davon ausgegangen werden kann, dass in den Landeskirchenämtern mehr Kompetenz als in den einzelnen Gemeinden vorhanden ist. Aus reformierter Perspektive ist einem ungezügelten und egoistischen Kongregationalismus deutlich entgegenzutreten, vielmehr ist die synodale Solidarität der Gemeinden untereinander zu betonen. Aber hier stehen wir vor einer gegenwärtigen starken Herausforderung. Die reformierte presbyterial-synodale Ordnung lebt von starken Presbyterien mit Presbytern und Presbyterinnen, die ihr geistliches Leitungsamt kompetent ausüben. In vielen Gemeinden aber geschieht das nur mit deutlichen Einschränkungen. Einerseits gibt es an nicht wenigen Orten Mühe, willige Kandidaten und Kandidatinnen zu finden. Und viele sehen sich auch geistlich überfordert, weil elementare theologische Kenntnisse fehlen. Das führt dann (gleich welcher Konfession) zu einer noch stärkeren Pastorenfixierung in den Gemeinden. Die Schwäche des Presbyteramtes ist heute aus meiner Sicht eines der größten Probleme gegenwärtig existierender Gemeinden!

3 Glaubens-Bildung

Der mir am meisten am Herzen liegende Punkt aber ist noch ein anderer – und er hängt mit den eben genannten zusammen. Zunächst einmal ist die

---

der Ortsgemeinden sieht (Kirche zwischen Staat und Gesellschaft. Zur Geschichte des evangelischen Kirchenverfassungsrechts in Deutschland im 19. Jahrhundert, in: Joachim Mehlhausen, Vestigia Verbi. Aufsätze zur Geschichte der evangelischen Theologie, Berlin 1999, 123–187, hier 159 f.).

[14] Vgl. dazu Georg Plasger, Das dynamische Verständnis reformierter Kirchenordnung, in: Johannes Wischmeyer (Hrsg.), Zwischen Ekklesiologie und Administration. Modelle territorialer Kirchenleitung und Religionsverwaltung im Jahrhundert der europäischen Reformationen, Göttingen 2013, 83–93.

Frage zu stellen, wozu ein Bekenntnis da ist – oder noch genauer im Blick auf unsere Fragestellung: Wozu war der Heidelberger Katechismus in den reformierten Gemeinden da? Er diente im Wesentlichen nicht als Lehrbekenntnis, in der sich die eine von der anderen Position unterschied. Natürlich sind auch im Heidelberger Katechismus Abgrenzungen von anderen theologischen Positionen explizit und implizit erkennbar; hier ist wohl vor allem an die später eingefügte Frage 80 zu erinnern, die sich kontroverstheologisch zum Abendmahl äußert und dabei recht dezidiert und sprachlich polemisch gegen das mittelalterlich-katholische Messopferverständnis wendet. Es ist auch der Heidelberger Katechismus kein Text, in dem alle Lehrdifferenzen harmonisiert worden wären; so hat der Katechismus beim Abendmahl eine klare reformierte Linie. Aber diese Differenzen standen bei der Abfassung des Katechismus nicht im Vordergrund. Er diente, ähnlich wie auch Luthers Katechismen, der Gemeindebildung. Ziel war es, dass die Gemeindeglieder als mündige Christenmenschen leben sollten. Anders gesagt: Elementare Glaubensbildung für jeden Christen, für jede Christin und damit auch für die Gottesdienstgemeinde war das Ziel. Das ist auch deshalb aus Sicht der Reformation notwendig, weil es kein autoritatives Lehramt mehr gibt – und das führt zu deutlich größerer Verantwortung auch im Verstehen des Glaubens. Die Katechismusgottesdienste, die in Deutschland bis ins 20. Jahrhundert hinein und in den Niederlanden noch gegenwärtig in vielen reformierten Gemeinden stattfanden und stattfinden, haben Fragen des Katechismus zur Grundlage und zielen darauf, in der »gesunden Lehre«[15] unterrichtet zu werden.

Eine schlichte Gegenwartsanalyse wird hier zeigen, dass es um die Glaubensbildung in unserer evangelischen Kirche in Deutschland schlecht bestellt ist – und das nicht nur in den Kirchen der altpreußischen Union. Wenn aber dieses Problem, das ja in der letzten Zeit auch durch Glaubenskurse und manches andere mehr zu therapieren versucht wird,[16] bundesweit und also auch außerhalb der Union wahrgenommen wird (und auch in sogenannten rein reformierten Gebieten): Warum ist das dann eine Frage an das Bekenntnis in der Union?

Für mich ist es das deshalb eine Frage, weil die Union – und das ist jetzt eine empirisch nicht abgesicherte These – mit ihrer starken Relativierung der Bekenntnistraditionen diesem Vorgehen Vorschub geleistet hat. Und ich sehe in den unierten Gebieten nach meinem Dafürhalten (und also auch empirisch ungesichert) diese Glaubensunbildung stärker ausgeprägt als in konfessio-

---

15 2 Tim 2,13.

16 Eine Auswahl ist auf der EKD-Seite http://www.kurse-zum-glauben.de zu finden.

nell geprägten Regionen. Die Buchbinderunion hat im Ergebnis ein unausgegorenes und unreflektiertes Miteinander eingebracht. Die Verabschiedung der Leuenberger Konkordie von 1973, laut der das unterschiedliche lutherische und reformierte Abendmahlsverständnis kein Grund mehr für ein getrenntes Kirche-Sein sein kann, wurde in vielen unierten Kirchen theologisch wenig beachtet, weil man in der Praxis schon lange beieinander war – und die theologischen Differenzen »da oben« kaum jemanden wirklich mehr zu interessieren schienen. Auf der einen Seite ist solch ein Vorgehen mir durchaus sympathisch, weil die Theologie die Aufgabe der Reflexion und nicht die der Begründung von Glauben sein kann. Aber auf der anderen Seite ist hier auch eine Problemanzeige vonnöten: Dass erst 156 Jahre nach Gründung der Preußischen Union das 1529 in Marburg festgestellte Hindernis zum gemeinsamen Kirche-Sein kirchenrechtlich überwunden wurde, ist ein Armutszeugnis für die Theologie der Union. Denn diese hat es nie gegeben: Es gibt bis heute keine unierte Theologie; die Versuche im 19. Jahrhundert, eine solche zu begründen, sind meines Erachtens alle gescheitert. Historisch hätte der Heidelberger Katechismus eine solche unierte Theologie begründen können – aktuell wird das nicht möglich sein, weil er jetzt als reformierte Bekenntnisschrift und damit für einen Teil der Unionskirchen steht.

Die Union hat im Ergebnis wohl zu einem Miteinander der konfessionellen Kirche gesorgt, nicht aber zu einem Miteinander der Bekenntnisse, sondern für deren Abflachung und Relativierung. Nun könnte man einwenden, dass die Barmer Theologische Erklärung als Unionsdokument hier einen Schritt weiter gegangen wäre. Dazu sage ich als von Karl Barth beeinflusster reformierter Theologe: Ich habe nicht den Eindruck, als wäre die Barmer Theologische Erklärung mit ihrer dezidierten Absage an den Neuprotestantismus in der Theologie gegenwärtig wirklich konsensfähig; und die in der ersten These formulierte christologische Grundausrichtung sehe ich zwar in kirchenamtlichen Äußerungen stark betont, in vielen Gemeinden und auf vielen Kanzeln aber nicht gelehrt. Das Potenzial, hier theologisch eine die Unionskirchen verbindende Theologie zu sehen, halte ich für nicht ausgeschöpft.

Was wir heute insgesamt brauchen, ist eine fundierte und an den Traditionen der Kirche geschulte Bildung der Pastoren und Pastorinnen in den Gemeinden, die es den gegenwärtigen Christenmenschen ermöglicht, ihren Glauben mündig zu leben. Wir brauchen dazu nicht nur je individuelle Einsichten, in der jeder Christ und jede Christin je nach Geschmack andere Akzente setzt, sondern wir brauchen Orientierungen. Diese dürfen nicht als Glaubensvorschriften einherkommen, da der Glaube zum Glück nicht messbar ist.

Was wir heute brauchen, ist eine konfessionsplurale Union und nicht eine konfessionsvergessene Union. Wir brauchen das für unsere Gemeinden – Bekenntnisse sind ja kein Selbstzweck. Meine Sorge ist, dass wir ohne Ausrichtung an solchen Traditionsfamilien zu banalen Sätzen kommen – und dann ist einfach evangelisch letztlich nur noch simpel, dann wird die Rechtfertigungsbotschaft Martin Luthers zu einem viel zu oberflächlichen »Gott nimmt jeden so an, wie er ist«, die Moralisierung und Ethisierung der Versöhnungsbotschaft Gottes brechen sich Bahn, und die Kirche wird nicht mehr als Leib Christi, sondern nur als Ort zur Pflege individueller Religiosität verstanden. Um dem zu wehren, um den Christenmenschen und der Gemeinde mit den Bekenntnissen einen Weg in die befreiende Botschaft der Bibel zu ermöglichen, um die Gemeinschaft mit Christus zu fördern – dazu gibt es Bekenntnisse. Auch das reformierte.

Immer noch zu viel Bekenntnis?

Der kritische Blick von außen auf die Union

Eberhard Cherdron

1 Einleitung

In der Vorgeschichte der pfälzischen Kirchen-Union zeigen sich viele Wurzeln. Da war neben der leidvollen regionalen Geschichte sicher auch der besonders starke Rationalismus in der Pfalz maßgebend.

Darüber hinaus ist für die Vorgeschichte der pfälzischen Kirchen-Union die Unionsbewegung im Königreich Preußen und im Herzogtum Nassau von Bedeutung. So verweist eine Eingabe von Bürgern aus Speyer an das Generalkonsistorium vom 23.10.1817 auf diese Beispiele der Union, mit der Bitte, »die Vereinigung beider bisher getrennten protestantischen Kirchen in eine unter dem Namen evangelisch-christliche, so wie im Herzogtum Nassau, im Königreich Preußen und in anderen deutschen Staaten, auch für unsere Stadt und Provinz gütigst zu bewirken«.[1]

Hierbei muss jetzt vorausgesetzt werden, dass eine ungefähre Vorstellung besteht über dieses neue evangelische Kirchenwesen in »Bayern links des Rheins«. Es war ein Gebilde, das aus ehemals zirka 50 verschiedenen Herrschaften bestand.

Untergegangen war die Kurpfalz mit ihrer einstigen reformierten Prägung, die aber zwischenzeitlich schon ein Jahrhundert lang katholische Kurfürsten hatte. Und von da aus wurde nicht nur die katholische Kirche gefördert, sondern auch die lutherischen Gemeinden, getreu dem Grundsatz, dass mit dem Streit, der damit einherging, die katholischen Gemeinden nur gewinnen konnten.

Untergegangen war das reichsunmittelbare Herzogtum Pfalz-Zweibrücken, das ebenfalls verschiedene konfessionelle Wechsel in der Herrschaft hinter sich hatte.

---

1 Zitiert nach Johannes Müller, Die Vorgeschichte der pfälzischen Union, Witten 1967, 313.

Untergegangen war das katholische Hochstift Speyer, das mit dem Ende der geistlichen Herrschaften verschwand.

Dazwischen war die Pfalz eine kurze Zeit Frankreich einverleibt. Mit dem Ende Napoleons musste sie irgendwo »untergebracht« werden. Und das war schließlich Bayern. Den Pfälzern war es recht. Preußisch oder hessisch wollte man nicht werden, und auch nicht »baden« gehen. So blieb denn Bayern, zu dem die historischen Wurzeln über das Königshaus bestanden. Zudem war Bayern gewillt, die mit der Franzosenzeit eingeführten Rechte zu wahren.

Die konfessionelle Gliederung in der Pfalz sah am Vorabend der Union so aus, dass von den insgesamt 232 protestantischen Pfarreien (120 lutherische und 112 reformierte) 74 an Orten waren, in denen auch die protestantische Schwesterkirche bestand.[2] Zahlenmäßig stellte sich das folgendermaßen dar: 134 737 Reformierte, 101 433 Lutheraner, 180 552 Katholiken.[3] Evangelische Mischehen spielten eine große Rolle.

Hinsichtlich des Bekenntnisstandes waren schon im 18. Jahrhundert die Gegensätze verwischt. Im Glaubensleben hatte allenthalben der Rationalismus Einzug gehalten. »Die kurpfälzischen Geistlichen der beiden protestantischen Konfessionen wurden gegen Ende des 18. Jahrhunderts nur noch auf die Heilige Schrift verpflichtet.«[4]

Hier wird die konfessionelle Bekenntnistradition völlig ignoriert. Hingegen wird für die Pfarrerschaft die Verpflichtung auf die Heilige Schrift unterstrichen: dass ihr »alle eure Studia zu diesem Hauptzweck, nämlich zu der Erkenntnis der Hl. Schrift richtet, im Übrigen alle Nebenstudia und Geschäften, die nur euer Gemüt davon abstrahieren oder wohl gar verdrießlich machen, vermeidet«[5].

Und worauf es besonders ankam: dass ihr »allem Ausschweifen, Affektieren, Absehen auf Menschenlob, Aufgeblasenheit und Ehrsucht, gelehrter als andere zu predigen, einem Teil der Menschen in Sünden zu schmeicheln, den anderen unzeitig zu verfolgen, feind seid«[6]. Nicht das Festhalten am Bekenntnis machte den guten Pfarrer aus, sondern das Vermeiden all dieser törichten und ichbezogenen Anwandlungen.

---

2 Zahlen nach Müller, Vorgeschichte (s. Anm. 1), 56.

3 Nach Robert Hensel, Art. Bekenntnis I. Von der Reformation zur Union, in: Pfälzisches Kirchenlexikon, Sp. 219 –224, hier Sp. 224.

4 Müller, Vorgeschichte (s. Anm. 1), 59.

5 Zitiert nach Müller, Vorgeschichte (s. Anm. 1), 59 f.

6 Zitiert nach Müller, Vorgeschichte (s. Anm. 1), 60.

Andererseits gab es durchaus Territorien in der Pfalz, die entweder die Bekenntnisverpflichtung strikt durchhielten (etwa Leiningen-Heidesheim 1752) oder zumindest abwägend eine solche Verpflichtung enthielten (Sponheimische Kirchenordnung von 1721, die aber sehr differenziert diese Lehrverpflichtung sieht)[7].

Und Johannes Müller kann mit Recht feststellen, dass auch da, wo die Kirchenordnung noch die Orientierung an den Bekenntnisschriften festhielt, die Praxis inzwischen doch eine andere geworden war. Wie hätte sonst der berühmt-berüchtigte Carl-Friedrich Bahrdt von 1776 bis 1778 Superintendent in Dürkheim sein können, wo formal die strenge Leiningisch-Westerburgische Kirchenordnung von 1722 noch in Kraft stand.[8]

Diese Diskrepanz von Kirchenordnung und kirchlicher Praxis gab es auch in anderen deutschen Territorien. Aber die Besonderheit lag in der Pfalz darin, dass der Protestantismus links des Rheins überhaupt kein konfessionell geschlossenes Gebiet war. Diese Kirche musste sich neu finden. Und hatte damit von vornherein den Status, den andere Unionskirchen auch hatten: ein Neubeginn von Anfang an.

2 Die Rolle des Bekenntnisses bei führenden Vertretern der pfälzischen Union

In der pfälzischen Union selbst gab es wohl doch eine breite Überzeugung, dass das Bekenntnis keine große Rolle zu spielen habe. Hier kamen pietistische und aufklärerische Strömungen auf seltsame Weise zusammen. Für die aufklärerische Haltung kann hier der reformierte Inspektor Müller genannt werden, der, neben einem politischen Zweck (Verstärkung der Macht der Kirche) und einem eudämonistischen Zweck (Weckung des Verständnisses füreinander), als Hauptzweck der Union angibt: Es

> »kann der Zweck der Vereinigung im wesentlichen der Religion selbst gegründet sein und von ihr als ein Pflichtgebot ausgesprochen werden. Dann wäre er Reinigung beider Konfessionen von allen vernunftwidrigen, dem Evangelium widerstreitenden und in demselben sich noch vorfindenden Meinungen, Lehren und Gebräuchen; Verbreitung einer immer richtigeren Erkenntnis dieser göttlichen Lehre, Aussöhnung zwischen ihr und dem Geiste der Zeit, Vermehrung der Ach-

7 Siehe dazu Müller, Vorgeschichte (s. Anm. 1), 62 f.

8 Müller, Vorgeschichte, (s. Anm. 1) 65.

tung und Liebe für sie [...]; dadurch zu vermehrendes Bestreben der Menschen, nach derselben zu handeln und so mit vereinten Kräften nach der Vorschrift ihres göttlichen Stifters das Reich Gottes, das Reich der Wahrheit und der Tugend immer mehr zu verbreiten auf Erden.«[9]

Von dem lutherischen, mild pietistischen Konsistorialrat Georg Friedrich Wilhelm Schultz gibt es aus seiner Zeit als Triester Pfarrer noch eine Umformulierung des Apostolikums, die zeigt, wie wenig man an dem Wortlaut von Bekenntnissen bei den Vätern der pfälzischen Kirchen-Union hing. Diese Neufassung lautet:

»Wir glauben an einen Gott, der alles schuf, alles erhält, alles lenkt und aller Menschen Vater ist. Wir glauben an Jesum Christum, von einer menschlichen Mutter geboren, aber vom göttlichen Geist beseelt, seines Vaters Ebenbild tragend in Weisheit und Liebe und Heiligkeit. Er lehrte die Menschen, was ihnen Heil bringe, litt durch die Bösen und starb für Böse und Gute. Die Nacht des Grabes umfing ihn, aber er siegte über den Tod, und ging dahin, wo ihm die sterblichen Augen nicht nachsehen konnten, zum Vater, von dem er kam und bey dem er auch uns die Wohnung bereitet. Wer ihn liebt, wird ihn wieder sehen und sein Herz wird sich freuen und niemand wird diese Freude mehr von ihm nehmen. Wir glauben an den heiligen, alles Wahre und Gute fördernden Geist, an eine heilige und christliche Kirche, als den Bund aller Weisen und Guten, die sich in Jesu, dem weisesten und besten, vereinigen; an Gottes Vaterliebe, der dem fehlenden Kinde, welches sich bessert, sein Vergehen nicht zurechnen will; an die Fortdauer unseres Geistes mit einem neuen, vollkommeneren Werkzeuge zur Vollbringung des göttlichen Willens in einem besseren seligen Leben.«[10]

In den Partikularunionen, die seit 1817 zahlreich wurden, spielte die Bekenntnisfrage keine Rolle. Sie wurde eher als lästig empfunden, Bekenntnisse wurden als menschliche Lehrformeln verstanden. So wurde bei der Partikularunion in Bergzabern am 2.12.1817 formuliert: »Unsere Lehrer und Prediger sollen auf keine menschliche Lehrformel, sondern allein aufs Evangelium eidlich verpflichtet werden.«[11]

---

9 Zitiert nach Müller, Vorgeschichte (s. Anm. 1), Anhang, 130.

10 Zitiert nach Bernhard H. Bonkhoff, Evangelisches Bekenntnis in der Unionskirche, in: Richard Ziegert (Hrsg.), Vielfalt in der Einheit: Theologisches Studienbuch zum 175jährigen Jubiläum der Pfälzischen Kirchen-Union, Speyer 1993, 125–136, hier 125f.

11 Zitiert nach Müller, Vorgeschichte (s. Anm. 1), Anhang, 72.

3 Die Bekenntnisfrage in der Vereinigungsurkunde

Bei dieser Ausgangslage ist es nicht verwunderlich, dass der berühmte Artikel 3 der Vereinigungsurkunde von der Generalsynode 1818 in folgender Form beschlossen wurde:

> »3. Die protestantisch-evangelisch-christliche Kirche erkennt, ausser dem neuen Testament, nichts andres für eine Norm ihres Glaubens. Sie erklärt, daß alle, bisher bey den protestantischen Confessionen bestandenen, oder von ihnen dafür gehaltenen, symbolischen Bücher völlig abgeschafft sein sollen u. daß endlich die Kirchenagende, und andre Religionsbücher, indem sie die jetzigen Grundsätze der vereinigten protestantischen Kirche aussprechen, der Nachwelt nicht zur unabänderlichen Norm des Glaubens dienen, und die Gewissensfreiheit einzelner protestantisch-evangelischer Christen nicht beschränken sollen.«[12]

Dieser Beschluss konnte vom Generalkonsistorium in München nicht akzeptiert werden. Im königlichen Reskript vom 10. Oktober 1818 wurden zu einzelnen Punkten die notwendigen Abänderungen angegeben. Interessant ist dabei, dass im Vorspann des Schreibens betont wurde, »daß überhaupt solche Grundsätze aufgestellt werden, welche bei einer zu hoffenden Vereinigung beider Confessionen, wo nicht in ganz Deutschland, doch in dem Königreiche Baiern, als Grundlage angenommen werden könne, damit nicht aus den bisherigen zwey Konfessionen noch eine dritte entstehe«[13].

Hier wird der pfälzischen Union eine besondere historische Bedeutung gegeben. Sie könnte ein Beispiel für andere Unionen in Deutschland, mindestens aber im Königreich Bayern sein. Dass die weitere historische Entwicklung anders verlief, ist bekannt. Warum es keine »Erfolgsgeschichte der Union« in Deutschland gab, wäre noch einmal auch auf dem Hintergrund des Zitats des Generalkonsistoriums zu beleuchten.
Hinsichtlich des Artikels 3 führt das Generalkonsistorium grundlegend aus:

---

12 Landeskirchenrat der Evangelischen Kirche der Pfalz (Protestantische Landeskirche) (Hrsg.), Quellenbuch zur pfälzischen Kirchen-Union, zusammengestellt von Sonja Schnauber und Bernhard H. Bonkhoff, Speyer 1993, 144.

13 Landeskirchenrat der Evangelischen Kirche der Pfalz, Quellenbuch (s. Anm. 12), 165. Der Text ist auch bei Müller, Vorgeschichte (s. Anm. 1), Anhang, 163 abgedruckt, mit einigen kleineren Veränderungen, die den Text modernisieren.

»Es kann nicht in der Befugniß einer ProvinzialKirche liegen, die Symbolischen Schriften der Protestanten für *abgeschafft zu erklären*, solange diese Kirche noch eine protestantisch-christliche bleiben will. Und wenn jene Schriften auch nicht als *Glaubens-Grund* gelten, so müssen sie doch als *LehrNorm* geachtet werden, wenn Einheit der Lehre erhalten werden, und nicht jedem ReligionsLehrer gestattet seyn soll, seine Ansichten für protestantisches Christentum zu geben. Überdieß gehören zu den Symbolischen Schriften der Protestanten *die drey allgemeinen Symbola*, welche die Hauptlehren des Christenthums ohne Auslegung und Erklärung enthalten, und allen christlichen Konfessionen gemein sind. Die *besondern* BekenntnißSchriften hingegen werden durch die Vereinigung nur in so fern abgeschafft, als sie das bisher unter beiden Konfessionen Streitige enthalten.«[14]

Die Einwendungen aus dem königlichen Reskript führten schließlich zur endgültigen Fassung des § 3 der Vereinigungsurkunde, die die Generalsynode 1821 verabschiedete:

»3. Die protestantisch-evangelisch-christliche Kirche hält die allgemeinen Symbola und die bey den getrennten protestantischen Confessionen gebräuchlichen symbolischen Bücher in gebührender Achtung, erkennt jedoch keinen andern Glaubensgrund noch Lehrnorm, als allein die heilige Schrift.«[15]

Diese Bestimmung der Unionsurkunde ist seit dieser Zeit unverändert in Kraft.

4 Die folgende Geschichte

Allerdings gab es auch in den folgenden Jahren Auseinandersetzungen um das Bekenntnis der Pfälzischen Unionskirche.

1836 wurde die Frage aufgeworfen, ob der rationalistisch geprägte pfälzische Katechismus aus dem Jahre 1821 auch Lehrnorm sein müsste. Ausgerechnet der liberale Pfarrer Johann Conrad Treviran erhob diese Forderung. Eigentlich war dies ein Streit um die Gültigkeit der Rechtfertigungslehre, die in diesem Katechismus nicht enthalten war.[16] Und 1838/39 kam es zu

14 Landeskirchenrat der Evangelischen Kirche der Pfalz, Quellenbuch (s. Anm. 12), 165.

15 Landeskirchenrat der Evangelischen Kirche der Pfalz, Quellenbuch (s. Anm. 12), 144.

16 Siehe dazu Bernhard H. Bonkhoff, Geschichte der vereinigten protestantisch-evangelisch-christlichen Kirche der Pfalz 1818–1861, München 1986, 78 f.

einem Apostolikumsstreit, in dem bestritten wurde, dass das Apostolikum in den Taufgottesdiensten gesprochen werden müsste. Auch hier war es Johann Conrad Treviran in Heiligenmoschel, der forderte: Wenn die Kirchenleitung das Apostolikum für bindend erklärt, »so müßte der ehrliche Mann, insofern er einer vernünftigen Auffassungsweise des Christentums huldigt, also, im Allgemeinen, jeder Pfarrer unserer unirten protestantischen Kirche, vor dem Sprechen des Credo erklären, daß er im Auftrage des Konsistoriums dieses Bekenntnis vorzutragen habe«[17].

Dazu stellte die Generalsynode von 1845 fest, dass bei den Festgottesdiensten der hohen Feiertage sowie am Reformationsfest das Apostolikum zu verlesen sei. Diese waren ja auch die Gottesdienste mit Abendmahl. Die Unionsurkunde hatte schon 1818 das Apostolikum als Bestandteil der Taufliturgie erklärt.

5 Die Generalsynode von 1853 und die CA variata

Zu längeren Auseinandersetzungen führte der Beschluss der Generalsynode von 1853 über die Gültigkeit der CA variata als Bekenntnis der Pfälzischen Unionskirche.

Die Generalsynode von 1853 hatte beschlossen,

> »daß in der Ausgabe der Augsburgischen Confession von 1540 sich der Consensus darstelle, welcher zwischen der Augsburgischen Confession von 1530, dem Heidelberger Katechismus und dem kleinen lutherischen Katechismus, als den Hauptbekenntnisschriften der evangelischen Gesammtkirche Deutschlands, von welcher unsere vereinigte Kirche der Pfalz einen Theil bildet, stattfindet, in der ausdrücklichen Voraussetzung, daß durch diese Erklärung eine kirchenpolizeiliche, unfrei bindende Verpflichtung auf den Buchstaben der symbolischen Bücher nicht bezweckt werden solle«[18].

Das erforderliche königliche Reskript vom 8.12.1853 geht allerdings über diesen Beschluss hinaus, wenn dort festgehalten wird, »daß die erwähnte Augsburger Confession von 1540 in dem bezeichneten Sinne als Darstellung

---

[17] Siehe dazu Bonkhoff, Geschichte (s. Anm. 16), 98.

[18] Zitiert nach Dieter Lutz, Zur Bekenntnisentwicklung in der Evangelischen Kirche der Pfalz (Protestantische Landeskirche), in: Richard Ziegert (Hrsg.), Vielfalt in der Einheit, Speyer 1993, 137–148, hier 140f.

der in der vereinigten protestantischen Kirche der Pfalz gültigen gemeinsamen Lehre recipirt und von den kirchlichen Behörden und den Geistlichen in ihrem amtlichen Wirken beachtet, und in wohlbemessener Erwägung zur Anwendung gebracht werde«[19].

Dieses Schreiben aus München macht es nicht verwunderlich, dass die Bekenntnisfrage in der pfälzischen Kirche am »Köcheln« gehalten wurde. So hat eine starke Mehrheit der Synodalen 1877 auf der Tagung der Generalsynode den Antrag gestellt, »daß die Bestimmungen des § 3 der Vereinigungsurkunde [...] in vollem Umfang zu Recht besteht (sic!)«; und dass die »Ausnahmestellung« der CA variata auch nur von dem § 3 der Vereinigungsurkunde her verstanden werden darf.[20]

Das hat ähnlich das Konsistorium aufgenommen, das in dem Synodalbeschluss von 1853 lediglich festgehalten sehen will, dass die »gebührende Achtung« des §3 der Unionsurkunde vorzugsweise auf die CA variata übertragen wurde. Die Mehrheit der Synodalen zog daraufhin ihren Antrag zurück, eine Minderheit stellte aber fest, »daß sie an dem Bekenntnisstand, wie ihn die Generalsynode von 1853 klargestellt hat, festhalten«[21].

In der Beurteilung dieser Fragestellung ist von Johannes Müller mit Recht herausgestellt worden, dass der Beschluss der Generalsynode eben doch keine Übernahme der CA variata als Bekenntnis darstellt, sondern nur zum Ausdruck bringt, dass eben in der CA variata in besonderer Weise umschrieben ist, was in der unierten Kirche in »gebührender Achtung« zu halten ist. Johannes Müller moniert auch zu Recht, dass die Aufnahme des Synodalbeschlusses in die Amtsinstruktion über den Willen der Synode hinausging.[22] Letztlich diente aber auch diese Auseinandersetzung dem inneren Frieden der unierten Kirche.

6 Bekenntnisstand seit 1920

Für die verfassungsgebende Landessynode 1920 spielte die Frage eine Rolle, ob in einem Anhang zur Verfassung die Bestimmungen der Vereinigungsurkunde und dann womöglich auch der Beschluss der Generalsynode von 1853

---

[19] Zitiert nach Lutz, Bekenntnisentwicklung (s. Anm. 18), 141.

[20] Nach Lutz, Bekenntnisentwicklung (s. Anm. 18), 144.

[21] Zitiert nach Lutz, Bekenntnisentwicklung (s. Anm. 18), 145.

[22] Siehe dazu Müller, Johannes, Art. Bekenntnis III. Die Bekenntnisfrage in der Pfälz. Unionskirche im 19. Jh., in: Pfälzisches Kirchenlexikon, Sp. 229–236, hier Sp. 229 ff.

einschließlich des Textes der CA variata abgedruckt werden sollte. Man hatte dann darauf verzichtet, weil es darüber keinen Konsens gegeben hätte. Für den Kirchenjuristen Dieter Lutz folgt daraus, »daß der Beschluß der Generalsynode von 1853, obschon nie förmlich aufgehoben, mangels magnus consensus ecclesiae kein Bestandteil des Bekenntnisses unserer Landeskirche ist«.[23] Diese Feststellung setzt allerdings voraus, dass die Generalsynode überhaupt die CA variata als Bekenntnis der Landeskirche beschlossen hat. Dies ist aber doch deutlich infrage zu stellen, wie oben ausgeführt wurde.

Hierzu gibt es in konservativen Kreisen der pfälzischen Kirchenhistoriker auch andere Auffassungen. So schreibt etwa Bernhard H. Bonkhoff im Blick auf die 1963 gescheiterte Verfassungsreform der Landeskirche: »Die alte Verfassung von 1920 blieb weiter in Geltung, in welcher in dem Juristenbegriff der ›gesetzlichen Erläuterungen‹ die Confessio Augustana Variata von 1540, das eigentliche Bekenntnis der Pfälzischen Kirche, versteckt ist.«[24]

Für die Zeit nach 1945 sind besonders zu erwähnen: Die vorläufige Landessynode fasste im Blick auf die Barmer theologische Erklärung folgenden Beschluss:

> »Die Vorläufige Landssynode erkennt dankbar an, daß in der Barmer theologischen Erklärung von 1934 auf Grund der Heiligen Schrift und in rechter Auslegung der reformatorischen Bekenntnisse das Evangelium gegenüber den eingebrochenen Irrtümern klar bezeugt ist. Sie sieht darin einen Aufruf zum wirklichen Gehorsam gegenüber dem Herrn der Kirche und erblickt in ihr notwendige Richtlinien auch für die Neuordnung der Pfälz. Landeskirche, die sie anzuwenden gewillt ist.«[24]

Und 1948 beschließt die Landessynode: »Die Landessynode weiß, daß sie mit der Zustimmung zu der Grundlage der Ev. Kirche in Deutschland verpflichtet ist, ihren Bekenntnisstand zu überprüfen und das Bekenntnis unserer Landeskirche nach Begriff und Inhalt festzulegen.«[25]

Der frühere Kirchenpräsident Theodor Schaller sah diesen Auftrag erfüllt in dem »Entwurf einer neuen Grundordnung«, der allerdings 1963 nicht die Mehrheit in der Landessynode fand. Dort war im Blick auf den Bekenntnisstand der Landeskirche formuliert:

---

23 Lutz, Bekenntnisentwicklung (s. Anm. 18), 146.

24 Bonkhoff, Bekenntnis (s. Anm. 10), 135.

25 Zitiert nach Theodor Schaller, Art. Bekenntnis IV. Die gegenwärtige Lage, in: Pfälzisches Kirchenlexikon, Sp. 237–240, hier Sp. 238.

»Die Prot.-Ev. Kirche der Pfälz. Union glaubt und bekennt die Eine, Heilige, Allgemeine Christliche Kirche, die erbaut ist auf den Grund der Apostel und Propheten, da Jesus Christus der Eckstein ist. Sie bejaht die von den Vätern im Glauben geschlossene und in der Vereinigungsurkunde des Jahres 1818 ausgesprochene Union als ein sie verpflichtendes Erbe. In Verantwortung vor dem Herrn der Kirche und in einer in der Heiligen Schrift gegründeten ev. Freiheit steht sie auf dem Boden der altkirchlichen Symbole und hört sie auf die reformatorischen Bekenntnisse, insbesondere auf die Augsburger Konfession von 1530 und den Heidelberger Katechismus. In der theologischen Erklärung der Bekenntnissynode von Barmen im Jahre 1934 erblickt sie eine schriftgemäße Bezeugung des Evangeliums und den verheißungsvollen Anfang gemeinsam fortschreitenden Bekennens. In gleicher Weise ist sie gefordert, das Evangelium jeweils in die Gegenwart hinein auszulegen und zu bezeugen. Sie weiß sich dabei mit den anderen reformatorischen Kirchen verbunden. Die Prot.-Ev. Kirche der Pfälz. Union anerkennt und bezeugt allein die Heilige Schrift Alten und Neuen Testaments als Grundlage und Richtschnur des Glaubens und des Lebens und als Norm der Lehre. Sie gründet sich dabei in der durch den Heiligen Geist gewirkten, gemeinsamen reformatorischen Erkenntnis, daß Gott uns das Heil allein in Jesus Christus, seinem Sohne, bereitet hat, daß es uns in ihm, unserem gekreuzigten, auferstandenen und wiederkommenden Herrn, allein aus Gnaden geschenkt ist, und von uns allein im Glauben ergriffen wird.«[26]

Mit dem Scheitern der neuen Grundordnung blieb die alte Kirchenverfassung bis heute in Kraft.

7 Schluss

Ausgangspunkt der Bekenntnisüberlegungen in der pfälzischen Unionskirche ist der Begriff der »gebührenden Achtung«. Inwieweit ist von hier aus das Gespräch mit den anderen Kirchen möglich?

Die pfälzische Unionskirche sieht die Gefahr, dass Bekenntnis und Heilige Schrift in Konkurrenz zueinander treten. Daraus hat die pfälzische Union gefolgert, die alleinige Geltung der Heiligen Schrift als »Glaubensgrund« und »Lehrform« zu betonen. Der Zusammenhang mit dem reformatorischen »sola scriptura« ist hier deutlich zu erkennen. Wie verhandeln wir das als reformatorische Kirchen miteinander?

[26] Zitiert nach Schaller, Bekenntnis (s. Anm. 25), Sp. 238.

Eilert Herms hat formuliert: »Die Union geht weiter«[27], auch in der Aufnahme der Bekenntnisdiskussion der Pfälzischen Union. Ist das ein Anstoß auch in der EKD? Wie sieht das in den neuen Kirchen im Norden und in Mitteldeutschland aus? Sind das nun auch schon neue Kirchen-Unionen? Oder wird damit alte Bekenntnisbeharrung gepflegt, wenn auch unter dem Dach eines organisatorischen Zusammenschlusses? Oder ist gerade in diesen Kirchen die Frage nach dem Bekenntnisstand gleichgültig geworden, wie es ja auch in den Anfängen der pfälzischen Unionskirche war?

Die pfälzische Unionskirche nimmt an all dem Anteil, trägt mit und will verantwortlich dabeibleiben. Mit ihrem eigenen Charakter. Ob sie einmal »verschwindet«, wie manche ganz offen wünschten im Zusammenhang des Reformprozesses in der EKD?

In diesem sind nicht diese theologischen Fragen von Bedeutung, sondern die Macht des Geldes oder überhaupt nur einfach die Frage der Macht und Größe von Landeskirchen in der EKD. Diese heimliche Fragestellung war doch von größerer Bedeutung, als das verantwortliche Nachdenken über Kirche als Organisation und offener Raum für die Verkündigung des Wortes Gottes. Die Bekenntnisfrage fördert die Überlegung, dass die EKD schon heute eine Unionskirche ist und wir uns damit in einer ganz neuen Freiheit des Glaubens begegnen könnten. »Kirche der Freiheit« würde sich so wirklich lohnen.[28]

---

[27] Text bei Schaller, Bekenntnis (s. Anm. 25), Sp. 239 f.

[28] Siehe Herms' gleichnamigen Beitrag in: Richard Ziegert (Hrsg.), Vielfalt in der Einheit, Speyer 1993, 403–430.

Die Autoren

Eberhard Cherdron

Kirchenpräsident i. R., studierte Theologie und Volkswirtschaft. Er war in Gemeinde, Jugendarbeit und Diakonie sowie als Oberkirchenrat und Kirchenpräsident (1998–2008) in der Evangelischen Kirche der Pfalz tätig und hatte den Vorsitz in verschiedenen Gremien von Politik, Kirche und Diakonie (Landesjugendhilfeausschuss Rheinland-Pfalz, Arbeitsgemeinschaft der Evangelischen Jugend in Deutschland, Verteilerausschuss »Brot für die Welt«, Rat des Diakonischen Werkes der EKD, Evangelische Akademikerschaft in Deutschland) inne. Seit 2008 im Ruhestand, hält er Vorträge und schreibt kleinere Publikationen zu Musik, Literatur und Kirchengeschichte.

Markus Dröge

Dr. Dr. h. c., studierte Evangelische Theologie in Bonn, München und Tübingen. Er war von 1986 bis 1994 Pfarrer der Kirchengemeinde Koblenz-Karthause, seit 1994 der Kirchengemeinde Koblenz-Mitte. Von 1994 bis 1999 verfasste er neben dem Pfarramt seine Dissertation und übernahm 2000 anschließend einen Lehrauftrag für Systematische Theologie an der Universität Koblenz-Landau. Von 2002 bis 2004 absolvierte er eine Ausbildung als Systemischer Berater beim Institut für Familientherapie Weinheim. 2004 wählte ihn die Kreissynode für acht Jahre in das Amt des Superintendenten im Kirchenkreis Koblenz. 2009 wurde er zum Bischof der Evangelischen Kirche Berlin-Brandenburg-schlesische Oberlausitz gewählt. Er ist seit 2012 Aufsichtsratsvorsitzender des Evangelischen Werkes für Diakonie und Entwicklung. Seit November 2014 ist er Ratsmitglied der EKD. Markus Dröge ist verheiratet und hat drei Kinder.

Wilfried Härle

Dr. theol., studierte Evangelische Theologie in Heidelberg und Erlangen und ist heute Professor em. für Systematische Theologie. Nach Promotion und Habilitation lehrte er von 1975 bis 2006 an den Universitäten Kiel, Groningen (NL), Marburg und Heidelberg. Parallel dazu war er 18 Jahre lang Mitglied und zwölf Jahre lang Vorsitzender der Kammer für Öffentliche Verantwortung der EKD und drei Jahre lang Mitglied der Enquetekommission des Deutschen

Bundestages für Ethik und Recht der modernen Medizin. Seit seiner Emeritierung ist er als Buchautor, Vortragsreisender und Seelsorger am Augustinum in Stuttgart-Killesberg tätig.

Karl-Heinrich Lütcke

Dr. phil., studierte Klassische Philologie und Evangelische Theologie in Tübingen, Zürich und München. Er promovierte 1966 mit einer Arbeit über »Auctoritas bei Augustin«. Er war von 1968 bis 1977 als Pfarrer und Studienleiter in der Württembergischen Landeskirche tätig, wurde dann in Berlin zum Oberkonsistorialrat für die Theologenausbildung berufen. Von 1990 bis 2005 war er als Propst Theologischer Leiter im Konsistorium der Evangelischen Kirche Berlin-Brandenburg-schlesische Oberlausitz. Seit seinem Eintritt in den Ruhestand ist er Vorsitzender des Vereins für Berlin-Brandenburgische Kirchengeschichte und Vorsitzender des Aufsichtsrats der Paul-Gerhardt-Diakonie Berlin-Wittenberg e. V.

Werner Klän

Dr. theol., studierte Evangelische Theologie und Philosophie in Oberursel und Münster. Nach Promotion und Habilitation wurde er 1996 Professor für Kirchengeschichte und 2003 für Systematische Theologie an der Lutherischen Theologischen Hochschule Oberursel der Selbständigen Evangelisch-Lutherischen Kirche (SELK) sowie außerordentlicher Professor an der University of Pretoria (Südafrika). Seine Forschungsschwerpunkte sind die Theologie der lutherischen Bekenntnisschriften, Fragen der Ekklesiologie sowie der ökumenischen Theologie. Er ist Mitglied im Ökumenischen Studienausschuss, in der Theologischen Kommission der SELK und in der Historischen Kommission für Pommern.

Georg Plasger

Dr. theol., studierte Evangelische Theologie in Wuppertal und Münster. Er war Pastor und Religionslehrer, bevor er die Universitätslaufbahn einschlug. Seit 2005 ist er Ordinarius für Systematische und ökumenische Theologie an der Universität Siegen. Er ist Mitglied im Moderamen des Reformierten Bundes und Vorsitzender der Karl-Barth-Gesellschaft. Seine theologischen Interessen liegen im Bereich der reformierten Theologie (v. a. Calvin und Zwingli), der Theologie Karl Barths, der Christologie und der medizinischen Ethik. Georg

Plasger ist zudem der verantwortliche Herausgeber der »Zeitschrift für Dialektische Theologie«.

Dorothea Wendebourg

Dr. theol., studierte Evangelische Theologie und Byzantinistik in München, Heidelberg und London (King's College) und absolvierte während der Promotionszeit noch ein Aufbaustudium in Rom (Pontificio Istituto Orientale). Nach Professuren an den Universitäten Erlangen, Göttingen und Tübingen lehrt sie heute als Professorin für Kirchengeschichte mit dem Schwerpunkt Reformationsgeschichte/Neuere Kirchengeschichte an der Theologischen Fakultät der Humboldt-Universität Berlin. An kirchlichen Funktionen hatte sie u.a. den Vorsitz des Theologischen Ausschusses der VELKD und den lutherischen Ko-Vorsitz der Theologischen Kammer der EKD inne, und sie war Mitglied der Gemeinsamen Ökumenischen Kommission des Lutherischen Weltbundes und des Römisch-katholischen Einheitsrates sowie der Ständigen Kommission des Weltrates der Kirchen. Dorothea Wendebourg ist Stellvertretende Vorsitzende des Wissenschaftlichen Beirates zur Vorbereitung des Reformationsjubiläums 2017.

Eckhard Zemmrich

Dr. theol., studierte Evangelische Theologie in Berlin und Cambridge. Er wurde mit einer Arbeit zum theologischen Demutsbegriff promoviert und arbeitete als Gemeindepfarrer in der Sächsischen Landeskirche. Danach wurde er Wissenschaftlicher Mitarbeiter in der Kommunikations- und Forschungsabteilung des Indonesischen Kirchenbunds in Jakarta. Seit 2010 ist er als Theologischer Grundsatzreferent im Konsistorium der Evangelischen Kirche Berlin-Brandenburg-schlesische Oberlausitz in Berlin tätig. Er nimmt Lehraufträge am Seminar für Religions- und Missionswissenschaft sowie Ökumenik der Humboldt-Universität zu Berlin wahr.